赵丹

ZHAODAN

喝濠河水长大的电影和戏剧大师

高龙民 著

苏州大学出版社
Soochow University Press

图书在版编目（CIP）数据

赵丹 / 高龙民著. — 苏州 ： 苏州大学出版社，2013.12
（江海文化丛书 / 姜光斗主编）
ISBN 978-7-81137-905-1

Ⅰ. ①赵… Ⅱ. ①高… Ⅲ. ①赵丹（1915~1980）—传记 Ⅳ. ①K825.78

中国版本图书馆CIP数据核字（2013）第320369号

书　　名　赵　丹
著　　者　高龙民
责任编辑　董　炎
出版发行　苏州大学出版社
　　　　　（苏州市十梓街1号　215006）
印　　刷　南通市崇川广源彩印厂
开　　本　890×1240　1/32
印　　张　7
字　　数　170千
版　　次　2013年12月第1版
　　　　　2013年12月第1次印刷
书　　号　ISBN　978-7-81137-905-1
定　　价　22.00元

苏州大学出版社营销部　电话：0512-65225020
苏州大学出版社网址　http://www.sudapress.com

"江海文化丛书"总序

李　炎

由南通市江海文化研究会编纂的"江海文化丛书"（以下简称"丛书"），从2007年启动，2010年开始分批出版，兀兀穷年，终有所获。思前想后，感慨良多。

我想，作为公开出版物，这套"丛书"面向的不仅是南通的读者，必然还会有国内其他地区甚至国外的读者。因此，简要地介绍南通市及江海文化的情况，显得十分必要，这样便于了解南通的市情及其江海文化形成的自然环境、社会条件和历史过程；同时，出版这套"丛书"的指导思想、选题原则和编写体例，一定也是广大读者所关心的，因此，介绍有关背景情况，将有助于阅读和使用这套"丛书"。

南通市位于江苏省中东部，濒江（长江）临海（黄海），三面环水，形同半岛；背靠苏北腹地，隔江与上海、苏州相望。南通以其独特的区位优势及人文特点，被列为我国最早对外开放的14个沿海港口城市之一。

南通市所处的这块冲积平原，是由于泥沙的沉积和潮汐的推动而由西北向东南逐步形成的，俗称江海平原，是一片古老而又年轻的土地。境内的海安县沙岗乡青墩新石器文化遗址告诉我们，距今5 600年左右，就有先民在此生息繁衍；而境内启东市的成陆历史仅300多年，设县治不过80余年。在漫长的历史过程中，这里有沧海桑田的变化，有八方移民的杂处；有四季分明、雨水充沛的“天时”，有产盐、植棉的“地利”，更有一代代先民和谐共存、自强不息的“人和”。19世纪末20世纪初，这里成为我国实现早期现代化的重要城市。晚清状元张謇办实业、办教育、办慈善，以先进的理念规划、建设、经营城市，南通走出了一条与我国近代商埠城市和曾被列强所占据的城市迥然不同的发展道路，被誉为“中国近代第一城”。

南通于五代后周显德五年（958）筑城设州治，名通州。北宋时一度（1023—1033）改称崇州，又称崇川。辛亥革命后废州立县，称南通县。1949年2月，改县为市，市、县分治。1983年，南通地区与南通市合并，实行市管县新体制至今。目前，南通市下辖海安、如东二县，如皋、海门、启东三市，崇川、港闸、通州三区和国家级经济技术开发区；占地8 001平方公里，常住人口约770万，流动人口约100万。据国家权威部门统计，南通目前的总体实力在全国大中城市（不含台、港、澳地区）中排第26位，在全国地级市中排第8位。多年来，由于各级党委、政府的领导及全市人民的努力，南通获得了“全国文明城市”、“国家历史文化名城”、“全国综合治理先进城市”、“国家卫生城市”、“国家环保模范城市”、“国家园林城市”等称号，并有“纺织之乡”、“建筑之乡”、“教育之乡”、“体育之乡”、“长寿之乡”、“文博之乡”等美誉。

江海文化是南通市独具特色的地域文化，上下五千年，南北交融，东西结合，具有丰富的历史内涵和深邃的人文精神。同其他地域文化一样，江海文化的形成，不外乎两种主要因素，一是自然环境，二是社会结构。但她与其他地域文化不尽相同之处是：由于南通地区的成陆经过漫长的岁月和不同阶段，因此移民的构成呈现多元性和长期性；客观上又反映了文化来源的多样性以及相互交融的复杂性，因而使得江海文化成为一种动态的存在，是“变”与“不变”的复合体。“变”的表征是时间的流逝，“不变”的表征是空间的凝固；“变”是组成江海文化的各种文化“基因”融合后的发展，“不变”是原有文化“基因”的长期共存和特立独行。对这些特征，这些传统，需要全面认识，因势利导，也需要充分研究和择优继承，从而系统科学地架构起这一地域文化的体系。

正因为江海文化依存于独特的地理、自然环境，蕴含着自身的历史人文内涵，因而她总会通过一定的“载体”体现出来。按照联合国教科文组织的分类，“文化遗产”可分为四类：即自然遗产、文化遗产、自然与文化遗产、非物质文化遗产。而历史文化人物、历史文化事件、历史文化遗址、历史文化艺术等，又是这四类中常见的例证。譬如，我们说南通历代人文荟萃、名贤辈出，可以随口道出骆宾王、范仲淹、王安石、文天祥、郑板桥等历代名人在南通留下的不朽篇章和轶闻逸事；可以随即数出三国名臣吕岱，宋代大儒胡瑗，明代名医陈实功、文学大家冒襄、戏剧泰斗李渔、曲艺祖师柳敬亭，清代扬州八怪之一的李方膺等南通先贤的生平业绩；进入近代，大家对张謇、范伯子、白雅雨、韩紫石等一大批南通优秀儿女更是耳熟能详；至于说现当代的南通籍革命家、科学家、文学家、艺术家以及各行各业的优秀人才，也是不胜枚举。在他们身上，都承载着江海文化的优秀传统和人文精神。同样，历史文化的其他类型也都是认识南通和江海文化的亮点与切入口。

本着“文化为现实服务，而我们的现实是一个长久的现实，因此不能急功近利”的原则，南通市江海文化研究会在成立之初，就将“丛书”的编纂作为自身的一项重要任务。

我们试图通过对江海文化的深入研究，将其中一部分能反映江海文化特征，反映其优秀传统及人文精神的内容和成果，系统整理、编纂出版“江海文化丛书”。这套“丛书”将为南通市政治、经济、社会全面和谐发展提供有力的文化支撑，为将南通建成文化大市和强市夯实基础，同时也为“让南通走向世界，让世界了解南通”做出贡献。

“丛书”的编纂正按照纵向和横向两个方向逐步展开。

纵向——即将不同时代南通江海文化发展史上的重要遗址（迹）、重大事件、重要团体、重要人物、重要成果经过精选，确定选题，每一种写一方面具体内容，编纂成册；

横向——即从江海文化中提取物质文化或非物质文化的精华，如“地理变迁”、“自然风貌”、“特色物产”、“历代移民”、“民俗风情”、“方言俚语”、“文物名胜”、“民居建筑”、“文学艺术”等，分门别类，进行归纳，每一种写一方面的内容，形成系列。

我们力求使这套“丛书”的体例结构基本统一，行文风格大体一致，每册字数基本相当，做到图文并茂，兼有史料性、学术性和可读性。先拿出一个框架设想，通过广泛征求意见，确定选题，再通过自我推荐或选题招标，明确作者和写作要求，不刻意强调总体同时完成，而是成熟一批出版一批，经过若干年努力，基本完成“丛书”的编纂出版计划。有条件时，还可不断补充新的选题。在此基础上，最终完成《南通江海文化通史》《南通江海文化学》等系列著作。

通过编纂“丛书”，我有四点较深的体会：

一是有系统深入的研究基础。我们从这套“丛书”，看到了每一单项内容研究的最新成果，作者都是具有学术素养的资料收集者和研究者；以学术成果支撑“丛书”的编纂，增强了它的科学性和可信度。

二是关键在广大会员的参与。选题的确定，不能光靠研究会领导，发动会员广泛参与、双向互动至关重要。这样不仅能体现选题的多样性，而且由于作者大多出自会员，他们最清楚自己的研究成果及写作能力，充分调动其积极性，可以提高作品的质量及成书的效率。

三是离不开各个方面的支持。这包括出版经费的筹措和出版机构的运作。由于事先我们主动向上级领导汇报，向有关部门宣传，使出版“丛书”的重要性及迫切性得到认可，基本经费得到保证；与此同时，“丛书”的出版得到苏州大学出版社的支持，出版社从领导到编辑，高度重视和大力配合；印刷单位全力以赴，不厌其烦。这大大提高了出版的质量，缩短了出版周期。在此，由衷地向他们表示谢意和敬意！

四是有利于提升研究会的水平。正如有的同志所说，编纂出版“丛书”，虽然有难度，很辛苦，但我们这代人不去做，再过10年、20年，就更没有人去做，就更难做了。我们活在世上，总要做些虽然难但应该做的事，总要为后人留下些有益的精神财富。在这种精神的支撑下，我深信研究会定能不辱使命，把“丛书”的编纂以及其他各项工作做得更好。

研究会的同仁嘱我在“丛书”出版之际写几句话。有感而发，写了以上想法，作为序言。

2010年9月

（作者系南通市江海文化研究会会长，“江海文化丛书”编委会主任）

目　录

在南通 创办小小剧社

南通，苏中古城，南临长江，东接黄海，与上海一江之隔，虽然地理位置位于长江北岸，却有江南水乡之风貌，河网交流，阡陌纵横，自古可谓鱼米之乡。南通城位于长江岸边，始建于后周显德年间，已有千余年的人文历史，曾经留下过历代文人墨客如骆宾王、范仲淹、文天祥、李方膺、柳敬亭、李渔的足迹与诗文画作。特别是晚清状元张謇在南通开创的中国近代工业和文化事业，加速推进了南通的城市现代化进程，其深厚的文化底蕴和浓郁的文化氛围，深深影响了少年赵丹的心智与性灵。赵丹在

赵 丹

他的《地狱之门》一书中是这样描绘家乡南通的：

当时南通号称文化城，因为当地有一介著名的绅士——张謇，他是清朝末代状元，是个改良主义者，主张实业救国。他在南通家乡开设了很大的纱厂，当西方帝国主义无暇东顾的时候，这个纱厂赚了不少钱。张謇便利用他的政治和经济地位为家乡办了一些事情：修建了一条马路，城里接上了电灯，也办了一些学校，如农学院、医学院和伶工学校（相当于戏曲学院）等。

张謇喜欢书画和工艺美术，因此南通城里的公园、楼台亭阁、假山石和仿效西湖苏堤、白堤桃红加绿柳的两道长堤都修筑得十分美观大方。他还精心创建了一个博物院。

……

赵　丹

张謇是南通的望族，邀请欧阳予倩先生在南通主办“伶工学校”，扶植“国剧”（京剧）和“文明戏”，培养人才，并研究戏曲。张謇家每当庆祝寿诞喜庆吉日，便邀请北京和上海京剧界的名角到南通去演“堂会”。当时国剧界的文武昆乱济济一堂，梅兰芳、欧阳予倩、程砚秋、余叔岩、王瑶卿、杨小楼、郝寿臣、王长林等都到过南通，可谓盛极一时。名角同台合演，更是机会难得。

我因为父亲的关系，有机会躬逢其盛，看了一些精彩的演出。那时候，我常常喜欢溜到后台去玩。

赵丹，原名赵凤翱，祖籍山东肥城，生于扬州，长于南通。父亲赵子超早年从军，在北洋军阀孙传芳部任营长，驻军扬州时娶“扬州美女”黄秀芝为妻。1915年6月27日生一子，取名赵凤翱，即赵丹。第二年，随部队调防，赵子超携妻儿到南通，后离开军队，在南通城开办新新大戏院谋生。当时的赵凤翱，不仅因为父亲的关系，经常溜到后台去看北京和上海来的京剧名家的精彩演出，还经常在新新大戏院里看美国好莱坞的各类电影，有故事片，也有歌舞片。这便是童年所受的“艺术教育”，让一向顽皮而聪明的小凤翱从此爱上了演戏，立下了要当电影明星的人生志向。

艺术创造的启蒙阶段，离不开模仿。孩子，是最善于模仿的。小凤翱第一次模仿大人演戏，只有六七岁，是1922年的大年初一，舞台是家里的客堂，观众是母亲黄秀芝和姨妈一家，小凤翱还为他们做了“戏票”，要求她们对号入座。演出的剧目是京剧段子《空城计》，小凤翱扮演诸葛亮，表兄马延寿扮演司马懿。小凤翱虽然只有六七岁，但他聪明过人，经常异想天开，想象力极为丰富。剧中司马懿是白净脸皮，而表兄马延寿脸上有麻子，怎么办？对此，小凤翱在除夕之夜已经做了充分的准备，他乘人们都在家里包饺子、放爆竹过年，路上极少行人的时候，溜到南城门口，从墙上一张红纸金字的广告上偷偷刮下一些金粉，第二天化妆的时候，他把金粉抹在了表兄的脸上，填平了他脸上的麻坑。他自己扮演诸葛亮的髯口则是用拍蚊蝇的“蝇掸子”做成的，就这样，他们便摇头晃脑、咿咿呀呀地粉墨登场了。没想到父亲赵子超回来了，发现了表兄马延寿脸上麻坑里的金粉，经再三盘问，他们“演戏”的事情败露了。因为正是大年初一，父亲并没有责骂他们，只是白了小凤翱一眼，随口说了一句："没出息。"

父亲赵子超虽然出身行伍，却因喜爱书画，素有文人偏见，对于"演戏卖唱"之类，一向不屑，视为下等。目下见得小凤翱如此"粉墨登场"，自然甚是不悦，轻轻斥责之后，便喝令小凤翱去书房为其取砚磨墨，欲教子练字学画。在父亲的眼里，小凤翱一向喜欢玩，他也从未反对过，可是，今天小凤翱却玩起了"演戏"，这让赵子超始料未及，于是，他决心以后教凤翱一些拳脚，一可防身健身，二可转移他的剩余精力。从此，小凤翱课余时间常跟父亲练习拳术，既练武术的基本功，也练少林拳的正规套路。儿时的学习，也是一种积累，往往会成为未来艺术创造不竭的资源，小凤翱的武术训练，自然成为了后来作为表演艺术家的必不可少的"形体课"。几十年后，赵丹在诸多电影如《武训传》《乌鸦与麻雀》《林则徐》的表演中，显示了他很好的形体控制力和表现力，这不能不说是得益于儿时父亲的武术教练，使之风格独具地完成了一系列银幕形象创造。

父亲的一声"没出息"，没有扑灭小凤翱"演戏"的热情。上小学以后，他成了学校里文娱活动的积极分子，经常仿效京戏里丑角的化妆，拿母亲的鸭蛋粉涂在脸上，用毛笔画眉毛和眼睛，在学校周末的游艺会上演出"双簧"之类的小节目。在一次校庆的正规演出中，他扮演"工人甲"一角，因为跑错了化妆间而差一点误场，当他拿起了标语旗子，前拥后挤地随着人群从舞台的这一边走到那一边，没等他走到下场门，大幕就闭上了。这是小凤翱第一次正规演出，却闹了一个大笑话。

上了中学，赵凤翱已经不满足自己一个人演戏过瘾了。当时的南通已经有了一些成人剧社，最具规模的是南通民众教育馆的新民剧社。他们经常在南通城里演戏。赵凤翱真是羡慕极了，于是，他在同学当中撺掇着发起成立了“小小剧社”，主要骨干有顾而已、朱今明、钱千里、梁志仁和周育海等。当时崇敬中学的校长是顾而已的父亲顾崇敬，顾校长曾经留学日本，酷爱戏剧，逢年过节还常在台上唱上几段昆曲。听说赵凤翱与儿子顾而已要成立“小小剧社”，顾崇敬自然十分欢喜，非常支持他们。而赵子超也已经不再反对小凤翱演戏了，一则是儿子长大了，管不住了；二则是他发现儿子确有表演才能，从小学到中学，小凤翱演“双簧”，演文明戏，都很不错，十分惹人喜爱。赵子超不仅不反对他们成立“小小剧社”，而且还空出自己开的新新大戏院，让他们排戏、演戏。只要不放电影，不接剧团，新新大戏院的舞台随时提供给他们使用。而顾校长的支持也是实实在在的，不管他们“小小剧社”什么时间排戏、演戏，都不作旷课论处。就这样，“小小剧社”在两位老人的支持下，他们既有了排戏、演戏的时间，又有了自己演出的剧场，同学们纷纷前来报名参加，“小小剧社”很快成长壮大起来，接连推出几部好戏，轰动了南通城。

那时候，上海来个什么剧团，我们就立即学着演什么戏。

汪优游来南通演“文明戏”，他能演各种各样角色，风流小生，言论老生，正派，反派什么都行，连老太婆都会演，我们佩服极了。他走了以后，我们就演他那一套文明戏。

记得有一回，我们找来了熊佛西的独幕剧《艺术家》，原来是有台词，有对白的，可是我们却按照汪优游的办法，不背台词，只将剧情的大意讲了讲，分配了角色。我演那个艺术家，长得俊俏的周育海反串艺术家的妻子，钱千里扮演了讨债的人。我们根本也不懂得有排练这回事。上台就演出了。当我们演到钱千里来讨债的时候，我即假装暴病而亡。场子上也没有一张床，于是我就只能直挺挺地躺在地上啦。当我的妻子正假装一面哭泣，一面诉说暴病身亡的情形时，我突然笔直地坐了起来，这时引起了观众的哄堂大笑。而当我意识到这个意外的剧场效果时，于是我就大大发挥了。我妻子连忙将我的上半身按倒，我却将两条腿直挺挺地竖起来了，我妻子赶忙再回过来按下我的两条腿，我则恰像个木头玩具人似的顺势又坐了起来。就这样一起一落，观众的笑声一直不绝……

事后，两个老人——顾校长和我父亲，得意忘形地夸奖我们："可与汪优游媲美！"

赵丹在回忆儿时演戏的经历，充满了对两位老人的敬意。父亲赵子超虽然做过北洋军阀的营长，但他是一个思想开明的老人，在欢迎北伐军的日子里，老人依然赞助"小小剧社"演出歌颂北伐军的戏。赵丹回忆：

又有一回，我们演出了多幕剧《热血忠魂》。大意是写革命军人在北伐中英勇牺牲的故事。由我扮演北伐军的团长一角。朱今明扮演我的传令兵名叫严俊。我之所以能确记这一角色的名字，是因为当时在台上一遇到没词儿了，就一个劲儿地喊"严俊，严俊"。而朱今明也使劲地喊"团长，团长"。

我负伤在医院中（这一回有了一张床，也只是用一张藤椅作为代用）。在我向朱今明托孤时，我们两人居然还真的流了泪，我也不知道突然从哪儿来的灵感，竟将不久前看过的一部外国电影中的表演挪用过来，在我临终的时刻，我突然挣扎着起身，面对观众，向幻觉中的国旗敬了一个极其庄严的举手礼，而后才倒下死去。

于是又得到校长和我父亲的加倍的赞赏，说是"表情深刻"云云。

"小小剧社"不仅演出文明戏，还演出歌舞、魔术之类。上海来了个"梅花歌舞团"，演出《小小画家》，他们就学着演，钱千里和顾而已在台上演，朱今明弹风琴，赵凤翱拉小提琴。上海魔术团来南通演出，他们也模仿着表演外国传来的洋魔术，花样百出，十分有趣。“小小剧社”从此声名远扬，还被邀请去了白蒲镇演出。

1930年初春，针对国民党的“文化围剿”，鲁迅、夏衍等发起组建了“中国左翼文化工作者总联盟”，这就是中国现代文化史上著名的“左联”，内设“中国左翼作家联盟”、“中国左翼戏剧家联盟”等。早在大革命时期，夏衍就发起组建了“上海艺术剧社”，与洪深的“戏剧协社”、田汉的“南国社”一起，提倡严肃的话剧艺术，抵制戏剧的商业化倾向，主张艺术直接参与革命斗争。同年，上海地下党领导的“左翼剧联”为了扩大队伍，开拓阵地，他们走出上海，越过长江，借演出的机会，组建“左翼剧联南通分盟”。赵子超作为新新大戏院的老板，经常邀请他们来南通公演，赵凤翱很快就认识了“上海艺术剧社”的一批进步文艺青年，他们是：左明、保罗、赵铭彝、郑君里、王莹、吴媚等，当时的郑君里也只有十七八岁，留着长长的头发，沉默寡言，极善思考，小凤翱觉得他“深刻”极了。赵凤翱不仅被他们深刻而又浪漫的表演所感动，而且还成了他们的好朋友。他们走了以后，小凤翱就带领“小小剧社”把他们那一套照搬过来，他们演什么，“小小剧社”也演什么，如《父归》《小偷》《生之意志》《苏州夜话》《火的跳舞》等，大都是田汉的进步作品。看了上海艺术家的演出，小凤翱除了感动外，就是觉得耳目一新，话剧的表演居然是这样的，与他们过去的“文明戏”完全不同。演话剧非但要背台词，一个字也不能错，而且还要由导演一字一句地指导着说，特别是排动作，太讲究，太细致了。有一次，郑君里给“小小剧社”排戏，规定“小偷”进门一共有十三个动作，小凤翱就一个一个地跟着学，这让小凤翱觉得十分新鲜，初步体会到了话剧艺术的科学性与严肃性。

在“上海艺术剧社”艺术家们的指导下，“小小剧社”从此走上了正规的话剧表演的路子，同时也被纳入左翼剧联的领导之下了。

“小小剧社”不仅演戏，还办过一个名叫《枫叶》的文艺刊物，他们写小说、写散文、写剧本。凡是在生活中遇到他们认为不平的事，就写出来，演出来。小凤翱曾经根据自己亲身经历的一件事，写了一个描绘“小偷”苦难遭遇的独幕剧《除夕》。剧本的最后写道：“台上的光全黑了。那个被警察当作‘小偷’的穷苦孩子高声喊道：‘等着吧！妈妈，总有一天天会亮的’！”

《枫叶》出了四期，因为有赤色嫌疑，被查封了。

1930年夏，赵凤翱从南通崇敬中学毕业，去上海求学，考入了上海艺术专科学校；第二年，又考入了上海美术专科学校。根据左翼剧联的安排，赵凤翱曾多次返回南通，组织“小小剧社”先后进行了六次公演，演出抗日剧目《山河泪》《黑暗中的红光》《乱钟》等。1933年夏，赵凤翱回南通组织“小小剧社”联合南通的“新民剧社”进行第七次公演，排演洪深的话剧名作《五奎桥》。这是一部反封建的著名话剧，剧情是：那年遭遇干旱，乡亲们借来抽水船抗旱，要经过一座五奎桥，桥小船大过不去，乡亲们要拆桥救灾，地主周乡绅为了保住那封建势力的象征，蛮横无理地阻挠乡亲们拆桥救灾，引起了强烈的冲突。经过激烈的斗争，乡亲们终于拆了桥，让抽水船开进来救灾，全剧以周乡绅的失败而告终。赵凤翱担任该剧的导演并饰演周乡绅。

可是，广告刚发，海报贴出，尚未公演，便立即招来国民党当局的禁演令，说是《五奎桥》宣扬赤色的阶级斗争。“小小剧社”成员梁腾从警察局探来消息说，他们正准备抓人。果然，演出前一天的下午，南通保安队截住了前往大生八厂的送票车，抓走了送票人。无奈，剧社只得拟了一个《五奎桥》停演启事：

查本社第七次公演，定于6月10、11日两夜举行，兹因《五奎桥》一剧中主演钱骏（千里），因家庭急务与人涉讼，万难登台，又因时值戒严，为防范反动分子捣乱起见，决定改期举行。

赵丹回忆：

可是还没有上演就遭到禁演，说是“该剧宣扬赤色的阶级斗争”云云，而且国民党还扬言要抓人。

我听到国民党要抓我，真是高兴极了，心想自己是个道地的革命者了。我们到处躲藏，潜逃回上海了，也开心极了，只是此后就多少年没回这第二故乡——南通了。

从此，由于赵凤翱的离开，“小小剧社”也就结束了她幼小的艺术生命。

赵丹故居

新新大戏院

上美专 踏进电影世界

1931年，赵凤翱考入上海美术专科学校学习中国画，专工山水。于1912年由著名美术家刘海粟等人创办，蔡元培、梁启超、沈恩孚、黄炎培等曾任该校校董的上海美专，当时已经是一所蜚声海内外的艺术类名校了。刘海粟长期担任该校校长，培养出众多驰名中外的艺术大家。赵凤翱考入上海美专时，校长是刘海粟，傅雷任教务长，国画系主任是黄宾虹，而赵凤翱的班主任便是著名画家潘天寿。当时的上海美专名家荟萃，名扬四海。不仅师资力量雄厚，而且各种文化思潮、各种艺术流派汇集一堂，学术气氛十分活跃，各类的专业学会、学生画社、墙报、同乡会等五花八门，应有尽有，单是剧团就有“美专京剧团”、“美专魔术团”和“美专剧团”等。虽然国民党当局实行残酷的“文化围剿”，扼杀进步文化社团，但是，分属各种政治派别的文化团体却仍然在积极活动，青黄杂糅，良莠不齐。“美专剧团”一直掌握在上海地下党领导的“左翼剧联”手中，成为学校里各类文化社团的主流，发挥着积极的导向与杠杆作用，曾演出田汉的《乱钟》《SOS》等独幕剧。

赵凤翱受父亲的影响，喜爱绘画，考入了上海美专学习中国画，但他却更加喜欢演戏，主要精力和时间都用在了参

赵丹所作国画

加学生运动和“美专剧团”上。他们经常到街头进行宣传演出，画宣传画，成为上海革命文艺的一支重要力量。因为积极参与革命文艺活动，1932年深秋，赵凤翱和徐韬、王为一三人，由赵名彝介绍，参加了“左翼剧联”。同是“左翼剧联”的美专学长施春瘦提议赵凤翱改名，将“赵凤翱”改成“赵丹”，取燕赵太子丹的典故，“丹”字义为朱色，朱为赤。赵凤翱欣然接受，十分喜欢，从此就沿用赵丹这个名字。

当时上海地下党的文化领导是田汉，赵丹在南通“小小剧社”期间就演过不少田汉的话剧作品，上海的艺术家们都很崇敬这位带有几分神秘的“大人物”，赵丹也很向往能够结识这位“大人物”。参加了“左翼剧联”之后，有一天，赵丹与徐韬、王为一被化妆师辛汉文（地下党员）带到了一个住处，说是要他们见一个人，这个人就是田汉。田汉，湖南长沙人，我国著名的戏剧电影作家、小说家、诗人、文艺批评家和社会活动家，长期从事党的文艺领导工作。田汉早年曾留学日本，自1920年开始从事戏剧活动，话剧代表作有《获虎之夜》《名优之死》《乱钟》《丽人行》《关汉卿》《文成公主》等，戏曲剧本有《武则天》《白蛇》《西厢记》《谢瑶环》等，《关汉卿》是田汉话剧创作的最高成就。他创作的歌词《义勇军进行曲》经聂耳谱曲成为后来的中华人民共和国国歌。赵丹回忆与田汉的那一次见面：

那时，我不过是个才十六七岁的孩子，而田汉先生却把我当成了同行似的，和我恳切地紧紧地握起手来。接着问起咱们“美专剧团”的情况，又问起我关于南通“小小剧社”的活动。他问得那么仔细、具体。我当时感到十分奇怪，像他那样的一位大人物，竟然会对我们这些孩子们的小玩意儿如此地认真关注。但是，不一会儿他又匆匆地走掉了，恰像一阵风似的打了个旋转就去了。这次相见，留在我这个富于幻想的青年人的心灵上的印象是：几分神秘、几分庄严肃穆而又带几分革命的激情。

在上海地下党的领导下，赵丹经常参加一些进步戏剧的演出，对抗国民党的“文化围剿”。1932年，上海美专建校20周年，“美专剧团”演出了董每戡的三幕话剧《C夫人肖像》。董每戡，浙江温州人，我国著名戏剧史家，1926年毕业于上海大学，由瞿秋白介绍加入中国共产党，1927年任北伐军第十六军宣传科长，1932年在上海参加“左联”。《C夫人肖像》写的是革命诗人的遗孀C夫人与青年画家张小石、富家小姐白丽蕾之间的爱情纠葛。一日，C夫人到画室欣赏画家创作，青年画家张小石为C夫人画了一张肖像。“一·二八”抗战爆发，画家醒悟不能“为艺术而艺术”，毅然自毁“C夫人肖像”，投身到了抗日的洪流中去。此剧由白薇导演，赵丹主演，饰青年画家张小石。

校庆那天，话剧《C夫人肖像》如期演出，父亲赵子超也来上海看演出了，他作为南通新新大戏院的老板，经常往返南通和上海之间租电影片，也认识了不少影片公司的人。这一天，上海明星影片公司的老板张石川、导演李萍倩也在观众席里，和赵子超一起观看了赵丹主演的《C夫人肖像》。看完之后，他们对赵丹的表演赞赏有加，导演李萍倩当即约请赵丹去影片公司当客串演员，报酬为每月30块银圆，先不签合同，看看再说。赵丹欣然同意。

赵丹第一次“触电”是1933年初，参与拍摄的是没有对话，只有音乐和字幕的无声电影《琵琶春怨》。编剧：于定勋。导演：李萍倩。摄影：严秉衡。剧情是：年轻寡妇李令娴（高倩苹饰）爱上了一个鳏夫马慕华（郑小秋饰），她经过一番挣扎，最后，终于在旧礼教的包围中屈服，依旧守寡度日。赵丹虽然在这部默片中饰演了一个小配角“文小卿”，镜头不多，但是，1933年3月16日，影片在上海中央大戏院首映，当时的报刊评论却出人意料地给予了好评：“17岁的赵丹在影片中饰演体弱多病的文小卿，当他演到小伙子患了肺病，躺在床上快要死去的时候，他那双大眼睛就像会说话一样，把病人心中无限悲伤却又无可奈何的复杂情绪，淋漓尽致地体现出来。由此显出他的表演天才。”

这一年，赵丹正面临着从上海美专毕业后的求职问题，上海明星影片公司慧眼识珠，与他正式签订了合同，赵丹也就成了明星影业公司的正式演员，每月50块银圆，后来逐步增加到150块银圆。

明星影片公司是当时上海最具社会影响的民营影片公司。1922年3月，由张石川、郑正秋、周剑云、郑鹧鸪、任矜萍等人集股创办了“明星影片股份有限公司”，最初拍摄滑稽短片，营业状况并不好。1923年，在郑正秋的建议下，确定了“补家庭教育、学校教育之不及”的制片方针，以电影作为“社会启蒙、开发民智”的新文化工具，投资拍摄了正剧长片《孤儿救祖记》，大获成功，此后又相继拍摄了《最后的良心》《挂名夫妻》等反映中国妇女悲惨命运的故事片。1928年起，拍摄武侠片《火烧红莲寺》，风行一时。1930年摄制中国第一部有声电影《歌女红牡丹》。1932年“一·二八”事变后，在洪深等新文化人的积极建议和倡导下，明星公司顺应时代潮流，制定了新的电影方针，组建了郑正秋、洪深、夏衍、郑伯奇、阿英等人参加的编剧委员会，成功拍摄了《狂流》《女性的呐喊》《前程》《姐妹花》《时代的儿女》等揭示社会矛盾，反映人民呼声的进步电影。赵丹就在这个时候，踏进了上海明星影片公司，开始了他一生追求的电影事业。

就在1933年的一年时间里，赵丹一连参加了6部电影的拍摄，除了《琵琶春怨》外，还有：

《姐姐的悲剧》 编剧：胡萍。导演：高梨痕、王吉亭。主演：郑小秋、胡苹。赵丹参加演出，镜头不多。

《姐妹花》 编剧：郑正秋。摄影：董克毅。主演：胡蝶、郑小秋、宣景琳。赵丹参加演出，镜头不多。

《时代的女儿》 编剧：丁君吾（阿英、郑伯奇、夏衍合作）。导演：李萍倩。摄影：严秉衡。主演：赵丹、艾霞、高倩苹。这是赵丹首次主演的影片。

电影《上海二十四小时》剧照

《二对一》　编剧：王乾白。导演：张石川、沈西苓。摄影：董克毅。主演：赵丹、艾霞、龚稼农。

《上海二十四小时》　编剧：夏衍、沈西苓。导演：沈西苓。摄影：周诗穆。主演：陈凝秋、赵丹等。

赵丹当年初入明星影片公司，是从没有几个镜头的配角开始的，他这样叙述当年的心情：

当时正是从无声（默片）到有声电影的过渡时期。虽然我一开始参演的大多是配角，但都是不同性格、身份的人物形象，使我的演技得到了多方面的锻炼，并且逐渐适应了水银灯下的生活，掌握了不同于舞台的银幕表演规律，逐渐摆脱了长期舞台演出形式的讲究形体动作程式化等夸张表演，开始追求真实自然、注意人物内心世界刻画的现实主义表演风格。

无声片《琵琶春怨》

1934年，也是短短的一年时间，赵丹一连参演了8部影片，大都是主演：

《女性的仇敌》 编导：陈铿然。摄影：周传穆。主演：徐琴芳、高倩苹、赵丹。

《三姐妹》 编剧：李萍倩、阿英。导演：李萍倩。摄影：陈晨。主演：胡蝶、严月娴、孙敏、赵丹。

《到西北去》 编剧：郑伯奇。导演：程步高。摄影：王士珍。主演：徐来、赵丹、龚稼农。

《女儿经》 编剧：郑正秋、洪深、阿英、郑伯奇、沈西苓。导演：张石川等。主演：胡蝶、赵丹。

《再生花》 编导：郑正秋。摄影：董克毅。主演：胡蝶、郑小秋、宣景琳、赵丹。

《青春线》 编剧：姚苏凤。摄影：周诗穆。主演：赵丹、陈波儿等。

《空谷兰》 编导：张石川。摄影：董克毅。主演：胡蝶、宣景琳、赵丹。

《乡愁》 编导：沈西苓。摄影：周诗穆。作曲：贺绿汀。主演：高倩苹、宣景琳、赵丹。

刚刚踏进上海影坛的赵丹，很快成为了明星影片公司的骨干演员，每年参演的影片之多，给赵丹提供了许多电影表演实践的机会，基本区分了话剧与电影表演的不同，适应了电影镜头前的表演以及表演与镜头的关系。但是，真正提高表演水平，演员还必须在舞台上创造艺术形象，用舞台上的连贯表演塑造人物。饱满的情绪，连贯的表演，台词的功力，呼吸的节奏，会更加有利于提高演员的演技。因此，赵丹在拍电影的同时，除了参加“美专剧团”的演出外，还参加美专校外的“新地剧社”和“拓声剧社”的话剧演出外，真正成为了影剧两栖演员，让话剧与电影两种表演艺术互为贯通，相得益彰。

虽然赵丹初涉上海影坛，他的表演是稚嫩的，甚至不懂斯坦尼表演体系（“斯坦尼斯拉夫表演体系”的简称）的基本理论，完全凭自我感觉在演戏、拍电影，但是一个优秀演员必须具备的天赋条件和表演才能已经在赵丹身上得到了充分的体现，他激情奔放，热情自信，敢想敢做，独立思考能力以及演员的应变力、想象力、表现力等，他都具备，并且在他的话剧表演和电影表演中都得到了充分的体现，受到了与他同时代的导演和演员的一致好评。

入剧联 驰名上海剧坛

1934年秋，国民党反动派实行“文化围剿”，共产党领导的“左翼剧联”在白色恐怖下坚持斗争，发展革命戏剧，他们采取以剧场公演为主的方法，隐蔽而曲折地展开了对敌斗争，组建了上海业余剧人协会，并且号召话剧界和电影界的著名人士举行大规模的联合公演。

上海业余剧人协会的活动分前后两个时期，前期是1935年6月至1937年初，由章泯、郑君里、陈鲤庭等负责，成员有赵丹、金山、张庚、沙蒙、章曼苹、叶露茜、英茵等。第一次公演是1935年6月，首演挪威剧作家易卜生的名剧《娜拉》，章泯导演，赵丹、金山、魏鹤龄、蓝苹、吴湄等主演。章泯是中国戏剧、电影导演，教育家，四川峨嵋人，1924年考入北平人艺戏剧学校，后又考入北平艺术学院戏剧系；1934年起导演了《娜拉》《钦差大臣》《大雷雨》《希特勒的杰作》《北京人》《家》等话剧；1948年进入电影界，导演了《静静的嘉陵江》《冬去春来》等影片；戏剧和电影理论著作有《悲剧论》《喜剧论》《导演与演员》《戏剧的本质》《导演艺术论》等。章泯是第一位将世界名著搬上中国话剧舞台的导演。赵丹在描述他与章泯的关系以及如何向章泯学习表演艺术时写道：

章泯，原名谢韵心，是我参加左翼剧联组织后的单线联系人。我思想上有什么疙瘩，或是有什么大事需要决定，都去找他。以后虽然剧联组织已经宣布解散了，然而我们一直还保持这种关系，这已成为习惯了。

他为人正直、严肃、不苟言笑，待人诚恳，绝少低级趣味。他是党内的一位戏剧理论家，在同志间有一定的威信。他也写过一些剧本，但在介绍世界名著与戏剧理论方面，尤其是话剧导演方面的建树则更大。他又是我在表演技巧上的启蒙老师之一。我也正是从他那里第一次听到斯坦尼斯拉夫斯基、丹钦柯、瓦格坦柯夫、梅耶荷德、泰伊洛夫、雷因哈特……这些艺术大师的名字，也才得知在话剧领域内原来也有这许多不同的派别，并且各有各的主张，自成体系，而他们之间又往往相抵相悖。从那时候起，在我心灵上就铆下了一颗顽强的铁钉，立下了一个宏愿：终生为建立中国的表演体系而奋斗！

1934年的一天，章泯与演员金山来找赵丹，邀请他参加易卜生的《娜拉》的演出。金山，1911年出生，中国电影、戏剧表演艺术家、导演。原名赵默，字缄可，20世纪20年代末从苏州到上海学习诗画，业余参加京剧演出，30年代加入“左翼剧联”，开始从事进步戏剧活动，1936年涉足影坛，后主演影片《夜半歌声》，1942年在重庆主演郭沫若的话剧《屈原》，轰动山城。1946年筹建长春电影制片厂，新中国成立后曾任中央戏剧学院院长。赵丹觉得自己过去只不过是凭直感在演戏，这是一次真正学习表演艺术的机会，他非常珍惜，接受了章泯的邀请。在排演的实践中，章泯要求演员说：“一个演员重要的不是扮演角色，而是如何正确地、深刻地来解释这个角色。因此，演员的立场和他的思想感情才是决定一个人物的关键所在。从这个意义上讲，演员的创造，必须要有态度，才有思想性，也才有艺术价值……”赵丹第一次听说这样的表演理论，非常兴奋。在整个排演过程中，他向章泯学习了许多斯坦尼的表演方法，诸如“从自我出发”“内心独白”“潜台词”等，他的表演逐步走上了正轨。

大师并非自然天成，也有过从初学到成熟的成长过程，赵丹也是如此。当时，他在《娜拉》一剧中饰演丈夫海尔茂，金山饰演高利贷者柯洛克斯泰，他们按照章泯的导演提示，开始运用斯坦尼表演理论排戏，追求演员的立场和思想感情，挖掘作品的思想性和艺术性。《娜拉》又名《傀儡之家》，易卜生是站在同情娜拉的立场上，赞成娜拉出走，鞭挞她的自私自利的丈夫海尔茂这个伪君子的。他们分析，海尔茂应该是一个被批判的反面人物。一开始，出于这样的认识，赵丹把海尔茂演成了一个口是心非、言不由衷而言行举止都让人讨厌的反面人物，从而揭示出海尔茂自私自利的阶级本性和丑恶的灵魂。此时，赵丹发现这个人物很不真实，行为逻辑也很混乱，于是，章泯又与演员重温斯坦尼表演理论，认识到“从自我出发”的表演方法是真正能够捕捉到角色灵魂与形象的最佳途径。赵丹反复思考，一切从自我出发，从角色出发，逐渐认识到了“世界上没有一个伪君子会认为自己是一个令人讨厌的伪君子”这一生活的辩证法，回到了现实主义的创作方法上来，重新还原了角色的本来面目，非但没有去丑化他、批判他，恰恰相反，赵丹把这个海尔茂演得温文尔雅，一副正人君子的样子。因为，他自认为自己是一个正直严肃的公民，是一个对社会有贡献的人，也真诚地爱着妻子娜拉，直到他发现妻子娜拉竟然瞒着他借了高利贷，违反了法律条规，触动了他的做人准则，损害了他的尊严时，他才原形毕露，变成了另外一个人，一个现实生活中自私自利的人，一个真正的伪君子。至此，赵丹塑造了一个真实的典型的艺术形象，演出效果也很好，他的表演得到了导演章泯和金山等演员们的首肯，在其毕生的表演艺术道路上跨出了重要的一步。

赵丹在总结《娜拉》的排演时说："我们是费了多大的气力，才扭转到现实主义的创作方向上来的呀！结果我们寻找到了一个比较恰当的表现手段，即我是用'以正求反'（透过海尔茂高雅正直的外貌，来揭示其虚伪的灵魂）。金山用'以反求正'（柯洛克斯泰的形象粗鲁而残忍，实质是善良而正直）。这大概是符合了客观事物对立统一的辩证规律吧，所以那次的演出才获得了较强烈的效果。"

《娜拉》的首次公演是在上海金城大戏院，时间是1935年6月27日晚，接连演出了一个星期，座无虚席，一票难求。这是上海业余剧人协会第一次在大剧场演出世界名剧，上海的媒体称："亮晃晃的演员！白热化的演技！大规模的演出！"《旧事新报》特辟《新上海娜拉》特辑。徐懋庸、丽尼、李一等评论家也纷纷发表评论文章，李一评道："赵丹的海尔茂，这一位外貌自持甚严的伪君子。他是把他深切地体会出来并表演出来了。尤其是在第三幕里，他的演技深深地把观众抓住，使观众感到呼吸都窒息了。"

赵丹虽然也充满了成功的喜悦，但是，他觉得这不仅是《娜拉》的演出成功，更重要的是通过这一次排演，他懂得了斯坦尼表演理论，纠正了过去"瞎猫碰着死老鼠"的盲目表演，心里亮堂了许多。

上海业余剧人协会的第二次公演是1935年10月，演出了果戈理的《钦差大臣》，仍由章泯导演。第三次公演是1937年1月，在上海和南京演出俄国作家奥斯特洛夫斯基的《大雷雨》，章泯导演，赵丹、郑君里、蓝苹、舒绣文、叶露茜等主演。这一次公演，还有欧阳予倩根据托尔斯泰《黑暗的势力》改编并导演的《欲魔》；沈西苓、宋之的根据爱尔兰作家奥凯西的《朱诺和孔雀》改编并导演的《醉生梦死》。同年3月，《大雷雨》和《欲魔》在上海举行联合公演，引起轰动，影响深远。至此，“左翼剧联”组织的上海业余剧人协会的几次公演，在激发民众抗日救国热情和揭露旧社会黑暗方面起到了积极的作用。演员的演技也得到了很大的提高，赵丹也因此走上了正规的话剧表演之路。

上海业余剧人协会的后期活动是1937年4月至10月，业余剧团改为职业剧团，更名为上海业余实验剧团，由章泯、应云卫、郑君里、陈锂庭等主持。主要成员有赵丹、魏鹤龄、瞿白音、吕复、徐韬、舒强、贺孟斧、沈西苓等。这一年的6月至8月，剧团在上海的卡尔登剧场演出了莎士比亚的《罗密欧与朱丽叶》，章泯导演，赵丹、俞佩珊、章曼苹、沙蒙等主演。同时还演出了宋之的编剧的《武则天》、陈白尘的《太平天国》、曹禺的《原野》等。在这些演出中，上海业余实验剧团将戏剧音乐视作戏剧的一个有机组成部分，团内设有实验弦乐队、歌唱队。歌唱队聘请冼星海、贺绿汀、沙梅、盛家伦等为音乐顾问。在演出《太平天国》时，曾配有插曲，由塞克作词，冼星海作曲。

上海业余实验剧团在频繁的表演实践中，赵丹等主要演员逐步形成了不同的表演风格，坚持了现实主义的创作原则，进一步摆脱了文明戏的不良影响，奠定了章泯、贺孟斧等人在话剧舞台上的导演地位，使中国话剧艺术出现了一片崭新的面貌，达到了中国话剧演出的较高水平。

赵丹在这些表演实践中，结识了众多文化名人和优秀的话剧演员。比如田汉、阳翰笙、章泯、洪深、欧阳予倩、金山、舒绣文、叶露茜、魏鹤龄、蓝苹、陶金、吕复、英茵、吴湄等，他与叶露茜因为经常合作演出，当年“一吻定情”的初恋也开始成熟，同时，赵丹也因此遭遇了一生中纠缠不清的黑影。

这个黑影不是别人，正是江青，当时的艺名叫蓝苹，在《娜拉》中饰演女一号：娜拉。当时蓝苹从山东初到上海，因主演《娜拉》一举成名，于是，深得影剧评论家马唐纳（笔名：唐纳）的欣赏，专门撰文“捧”她，还将蓝苹的剧照刊登在画报上，《旧事新报》也将蓝苹的大幅照片用作了刊头。蓝苹非常感激唐纳，并向他表示了百般的殷勤和温柔，深深打动了年轻的唐纳，使这个多情的秀才对蓝苹十分钟情，几乎到了魂牵梦萦、难以忘怀的地步，二人很快成为一对恋人。

蓝苹是山东人，在青岛和济南曾与中共地下党员黄敬（俞启威）同居。为了逃避国民党的追捕，她跟黄敬逃到了上海，黄敬的姐姐在上海，是田汉“南国社”的主要演员，黄敬姐姐就带着他俩投奔到了田汉的家中，田汉又把蓝苹介绍到一所中学去教书。于伶发现蓝苹性格活跃，擅长京剧，业余爱演戏，也曾看到她演的话剧，就把她介绍给了话剧界。1935年，上海业余剧人协会成立，蓝苹也参加了进来。当时的舞台和银幕上大都是清一色的柔美型和妩媚型的女性形象，蓝苹擅长表演性格鲜明而泼辣的女性，常常给人一种新鲜感，因此，她才获得了出演《娜拉》女一号的机会。此后又在《大雷雨》中与赵丹同台，饰演卡杰琳娜。

后来，蓝苹为了同王莹争演《赛金花》，致使上海业余剧人协会分成了两派。夏衍专门为王莹写了剧本《赛金花》，蓝苹想演赛金花，她自己并不直言，却让恋人唐纳为她出面，而此时的金山正与王莹恋爱，自然为王莹争取。于是，在一番激烈的争吵之后，金山与王莹退出了上海业余剧人协会，带着协会一些志同道合的人去了南京一带，在那里排演了《赛金花》。是蓝苹搞乱了当年的上海业余剧人协会，而金山和王莹万万不会想到这场关于“争角”的斗争，30年后，当蓝苹变成了江青，她以百倍的狠毒和残忍对他们进行了疯狂的报复。

赵丹晚年在谈到这个黑影时说：

新中国成立，大家欢欣鼓舞之余，发觉当今舞台变了，剧目变了，大家演的角色也在变。而变得最离谱的，莫过于蓝苹变成了第一夫人江青，演起反派来了，嘴上说得好听，她说："我过去在上海最好的朋友是赵丹和君里。"但是，若以"人生如戏"这句话来说事，剧情变幻莫测，真是：往日密友今成仇，置于死地方罢休。

从"上海业余剧人协会"到"上海业余实验剧团"，赵丹虽然遭遇了蓝苹这个一生中的黑影，但是，赵丹走上正规的话剧表演艺术之路，毕竟是在这里起步的。有了"左翼剧联"的上海业余剧人协会，才有了后来的表演艺术大师赵丹。

六和塔　新人难到白头

赵丹刚刚进上海明星影片公司不久，因为拍戏不多，他经常参加“左翼剧联”的活动。空余时间，金山相约赵丹去上海女子商业学校给学生剧团排戏，赵丹从此认识了叶露茜，两人志同道合，十分投缘。叶露茜，广东南雄人，出生在上海，童年随父亲在北京生活，看了不少京戏。少年时，父亲在东北开诊所行医，日寇侵占东北，哈尔滨沦陷，叶露茜随父亲迁到了上海。一次，金山导演一出为水灾难民演出的话剧《奇迹》，请赵丹、辛汉文和石凌鹤去看戏，金山在剧中饰演父亲，王为一演弟弟，而演姐姐的则是叶露茜。演出结束后，大家都到后台祝贺演出成功，赵丹一眼看见王为一正坐在叶露茜的对面，无名之火涌上心来，冲上去给王为一当胸一拳：“你怎么可以亲她的脸？”王为一愣住了，看了叶露茜一眼，故意激他：“这是演戏，你懂不懂？因为我爱她，所以要亲她。”赵丹更来气了：“反正，我不准你亲她的脸！”说完，赵丹拉起叶露茜就走，去了外滩。赵丹的无名之火和无理取闹，引起了王为一他们的哄堂大笑，他们都明白：赵丹爱上叶露茜了。就在当晚，叶露茜接受了赵丹火辣辣的爱，两人相爱了。后来，赵丹又带着叶露茜加入了上海业余剧人协会，两人经常在一起演戏。

蓝苹进了上海业余剧协会，很快获得了《娜拉》主演的机会，与赵丹演起了夫妻对手戏。当时的赵丹已经是明星影片公司的电影明星了，而蓝苹则刚来上海不久，能与赵丹联袂主演《娜拉》，也是蓝苹能够一举成名的原因之一。接着，他们又一起主演了《大雷雨》，赵丹演奇虹，蓝苹演卡杰琳娜，叶露茜演妹妹。自从蓝苹演出《娜拉》成名以后，她与唐纳相爱了。唐纳其实也不是等闲之辈，他是苏州人，从小喜爱诗文，少时就读于省立苏州中学。16岁以巨钰、瞿觉等笔名在《吴县日报》发表散文、短诗。后来，他加入了由吴县共青团委发起成立的“社会科学者联盟”，积极参加抗日救亡活动，1932年3月，因组织遭到了破坏，唐纳被当局追查而避逃上海，同年考入圣约翰大学。1933年，以唐纳、罗平、陈陀等笔名在《晨报》“每日电影”、《申报》“电影专刊”、《新闻报》“艺海”等副刊发表电影评论，常有独到见解，深受读者喜爱。翌年秋，进华艺电影公司任编剧，为抗日影片《逃亡》主题歌《自卫歌》和插曲《塞外村女》填词，由聂耳作曲而广为流传。此后，唐纳又进电通影业公司任编剧、宣传主任，在明星影片公司任编导委员会副主任。唐纳外貌俊朗，一表人才，被电通的导演看中，获邀在喜剧片《都市风光》中出演男主角李梦华。他虽是初登银幕，却演得相当出色。正是在电通拍摄《都市风光》时，唐纳与来自山东、本名李云鹤的蓝苹结识。而唐纳此时也是赵丹和叶露茜的好朋友，因此，他们四人之间的关系十分亲近。

1936年4月，春意满眼，桃红柳绿，上海新闻界和演艺界传出了一个让人感觉新奇而又兴奋的消息：赵丹、叶露茜；唐纳、蓝苹；顾而已、杜小娟三对明星要结婚了，证婚人是大名鼎鼎的大律师沈钧儒！他们将于4月26日下午在钱塘江畔的六和塔下举行婚礼。这是一个集体婚礼，既响应了上海社会局提倡的移风易俗，又体现了明星艺人的浪漫情怀。沈钧儒，上海法科大学的教务长，著名的大律师。沈老先生早年留学日本政法大学，从辛亥革命起，就参加了中国革命；1932年，加入了宋庆龄、鲁迅等人组织的“中国民权保障同盟”，积极响应中国共产党建立抗日民族统一战线的号召，先后组织了上海文化界救国会和全国各界的救国会，在国统区开展抗日救亡运动。这天，沈老先生风拂美髯，赶到六和塔下为三对文艺明星证婚，足见他对文化界人士的重视和关心。

消息是可靠的。事后，《电声》第5期5月特大号（1936年5月8日）刊登报道如下：

有情人了却心头愿

黄蜂作对，粉蝶成双，塔影波光，艺人绮事。

赵丹—叶露茜

马唐纳—蓝苹

顾而已—杜小鹃

这两年来电影业演员之成双成对匹配鸳鸯者，已有多起。那一对对的情侣，真不知引来人们几许羡慕，然而最有意思、最有趣味、最令人羡慕、最罗曼蒂克的，却是这次赵丹、叶露茜、唐纳、蓝苹、顾而已、杜小鹃诸人在杭州钱塘江畔、六和塔下的集体结婚。

他们一群是4月25日晨启程赴杭的。除三对新人之外，与之同行的尚有介绍人郑君里、李清，证婚人沈老先生钧儒。明星公司摄影师马永华，也冒了春朝的露水赶到梵皇渡车站，为这三对即将成婚的夫妻摄影。

车子是一点钟光景到达杭州，下榻于湖滨清恭旅馆。下午游湖，在白云庙月下老人殿请问卜终身大事。蓝苹得第39签：（签干）“惟旧昏媾其能得以相似乎。”

新人年龄籍贯录：

六和塔集体婚礼

第一对：赵丹，南通人22岁，叶露茜，广东人18岁。

第二对：马唐纳，苏州人20岁，蓝苹，济南人22岁。

第三对：顾而已，南通人22岁，杜小鹃，四川人18岁。

第二天，26日（1936年4月26日）是结婚典礼举行之日，从早晨起一切都显得非常紧张。那天蓝苹似乎起来得迟了，但后来她的心情也是可以想象得到的。她说："别说我起来得迟，晚上曾下了一阵大雨，你们几个知道？"

备有结婚证者只有赵丹一对，8时半到预定地点——六和塔去了。临时郑君里和李清为新娘们采来了月季花和杨柳来打了三个花环，套在三个新娘的头上，他们不作任何仪式，很简单，就这样算数。态度很真切，也很自然。在六和塔下照相、野餐、结束婚礼。

沈钧儒先生诗兴大发，当场挥笔：

人生何处是仙乡？喜遇良朋一举觞。
到此应无凡鸟想，湖山有福信鸳鸯。

（其二）

塔影湖声共证明，英雄儿女此时情。
愿书片语为君祝，海样誓词山样盟。

沈钧儒老先生还诚恳地讲话：

“夫妇的结合第一要彼此相融，相互谅解，应该诚挚，不要虚伪。夫妇应该形影不离……我希望三对新夫妇也应该遵守这种义务。不要把结婚看得太随便，俗话说得好：‘情人一笑，天地皆青。’你们能各尽这种义务，将来生活一定很愉快的。”

［附］他们在杭州结婚，一星期后返沪。5月5日在八仙桥青年会招待亲友。只备茶点，不设酒席，电影业到者不少。

赵丹他们在杭州六和塔下举行集体婚礼，是秀才唐纳的主意，他说：中国有和合祈福之说，六和，即六合也；六和塔下，即六合同春也。可是谁也没有想到，这位秀才“六合同春”的祈望，没有能够如愿以偿，他们的婚姻并非和和美美。一个月后，5月底，蓝苹说是在济南的母亲病了，要去探视。谁知，她竟然一去不复返，还来信表示要与唐纳断绝关系。可怜痴情的秀才怎么也没有想到，蓝苹竟然这样视婚姻为儿戏，毫不珍惜他们的这份感情。如雷轰顶的唐纳受不了这般打击，6月底即赴济南寻找蓝苹。在济南，他白天寻人，夜晚寄宿小旅馆，如此日复一日，寻遍了济南城，蓝苹竟然杳无踪影。唐纳绝望了，夜晚回到小旅馆，以吞食火柴头自尽，幸好被茶房发现，及时送医院抢救才幸免于难。其实，那蓝苹并不在济南，而是去了天津，去找她的前男友黄敬（俞启威）了。蓝苹听说唐纳来济南找她，只得赶回济南，在朋友的劝说下，与唐纳回到上海。但是，这对貌合神离、同床异梦的夫妻共同生活了不久，又因经常吵架而分居了。一年以后，1937年5月22日，唐纳得知蓝苹竟然插足导演章泯的家庭，这位痴情的秀才又一次悲痛欲绝，跑到吴淞口跳入长江自尽，幸被路人救起。这场新奇刺激的婚恋风波，让唐纳和蓝苹成为了当时报纸杂志上花边新闻的男女主角。不久，蓝苹经人介绍去了延安，这对“六合同春”的恋人从此分离，再未谋面。

赵丹与叶露茜是真心相爱的，在六和塔下举行集体婚礼的时候，叶露茜已经怀孕了，用赵丹的话说就是“到了不得不结婚的时候了”。当时，叶露茜怀的那孩子就是后来成为中国著名舞蹈家的赵青——赵丹的长女。但是，赵丹和叶露茜也只是“半生缘”。1939年，赵丹在报纸上看到了夏衍的一篇文章，获知新疆的盛世才亲苏亲共，招贤纳士，广招文艺人才，他决定先去新疆，然后去苏联学习斯坦尼表演体系，创立属于自己的“赵氏表演体系”，于是，他与叶露茜、王为一、朱今明等人去了新疆。不料，盛世才是个典型的军阀，1940年，赵丹突然被捕，被投进了监狱。叶露茜被迫离开新疆，回到重庆，苦等三年，忽闻赵丹死于狱中，重庆为赵丹举行了追悼会，刊发了纪念文章。叶露茜悲痛欲绝之中，得到了作家桂苍凌（杜宣）的同情和照顾，二人结合。其实，赵丹没有死，消息是误传。1945年，赵丹在被囚五年后回到重庆，得知妻子改嫁，便追到云南，一进门就喊小叶，一把抱住她说，你不能留在这里，你得跟我回去。此时叶露茜已经怀孕，她说，我已经破坏了一个家庭，我不能再破坏另一个家庭了。叶露茜没有跟赵丹复合。赵丹与叶露茜育有一女一子：赵青与赵矛。

杜小鹃在战乱中病故，顾而已后来重组家庭，两人也没有能够白头偕老。

我演我 徘徊十字街头

赵丹跟章泯排演话剧《娜拉》，初步接触和实践了斯坦尼表演方法，但是，表演艺术博大精深，要想成为一名优秀的话剧电影演员，非一日之功。1936年，赵丹主演电影《十字街头》，在歧路探索出口，又找到了一条新的表演之路，使他的电影表演艺术更加炉火纯青。

1935年秋，国民党当局为了加强对左翼文化的“围剿”，对赵丹所在的明星影片公司进行了所谓的改组，撤销了编剧委员会。夏衍等进步力量退出后，右翼势力逐渐抬头，拍摄了一些迎合小市民趣味的影片。但是，由于这些影片背离了当时抗日救亡的主流民意，市民并不买账，票房十分惨淡。此时，章泯、宋之的、陈凝秋组织的“新地剧社”，在“左翼剧联”的领导下，经常演出话剧，受到群众的欢迎。“新地剧社”的骨干成员有郑君里、顾而已、白璐等，赵丹和“美专剧社”的徐韬、王为一、施春瘦等也加入了进来，还有刚刚从东北流亡来的沙蒙、吕班等，实力雄厚，阵容整齐。沈西苓经常到“新地剧社”来玩，看到赵丹他们一班年轻人有朝气、有活力，既有共同的志趣，又有鲜明的个性，觉得很有意思，特别是听到吕班、沙蒙讲述了在流亡生活中的悲惨遭遇，大大激发了他的创作欲望。沈西苓，原名沈学诚，笔名叶

影片《十字街头》剧照

沉，浙江德清人，他能编善导，能诗善画，又会翻译，是个全才的电影、戏剧艺术家。沈西苓早年考取官费生，留学日本，结识了日本著名戏剧家秋田雨雀等人；回国后，1931年进入电影界，先后在天一、明星等影片分司任职，编导了电影《女性的呐喊》《乡愁》《中华儿女》等。他编导的影片《十字街头》和袁牧之编导的《马路天使》被称为中国左翼电影的第一个高峰。这时候，沈西苓被“新地剧社”的赵丹他们打动了，很想表现一下这些青年人一方面爱国救亡心切，一方面却遭遇失业、生活无着落、找不到出路而备受煎熬的现实生活。

时隔不久，沈西苓拿出了电影剧本《十字街头》，自任导演，明星影片公司出品，他特别邀请了赵丹饰演男主角老赵，并分配吕班饰阿唐，沙蒙饰刘大哥，伊明饰小徐。女主角由白杨饰演。当时，赵丹只是知道白杨在于伶、宋之的领导的左翼戏剧团体中演出一些抗日救亡的戏剧，在中国旅行剧团和中国舞台协会等演过两年话剧，她演出的世界名剧《梅萝香》和《茶花女》是非常成功的，但是，她好像没怎么拍过电影啊！赵丹心里没有底，但是，他相信被人们称为“怪物”的导演沈西苓一定是慧眼识珠的。果然，白杨不负众望，演出十分精彩。电影一开拍，赵丹、白杨便完全投入到了规定情境中去了，两人热情奔放，大胆创新，在沈西苓充分相信演员的导演方法影响下，赵丹与白杨展开丰富而奇特的联想，捕获了许多很精彩的“即兴的表演”，以至于导演沈西苓站在一旁，被他们的表演所吸引，经常忘了喊“停”，完全成了一个着了迷的观众。

沈西苓编导《十字街头》，除了赵丹已经拍过近20部电影，大胆起用新人，特别是从东北流亡来的吕班、沙蒙等，他们的生活境遇完全被沈西苓写进了电影剧本，演员的生活与剧中人的规定情境十分相似，几乎写的就是赵丹他们的现实生活。于是，赵丹他们以为，演出这样的片子，无需再去观察生活，体验生活，更无需去找资料，也用不着理性分析，做什么案头工作了，只需“我演我”即可。因此，赵丹大有展示自我的欲望，表现得格外卖力，格外用劲，对每一个镜头都逮住不放。后来，赵丹在回忆《十字街头》的拍摄过程和自己塑造人物的体会时说：

应该说导演对演员的无限信赖，乃是演员的莫大幸运，然而却也带来了放纵的缺憾！由于自己的修养不够，缺乏“自知之明”，于是一味地展示自己。所谓“展示”，即是卖弄一些“风度”与“味儿”，这些是从外国电影上学来的。例如影片中出现小说《茶花女》中的"阿芒"的形象，就有点不伦不类，并且还有滑稽之感。又如有场戏是公园里等待，在她未来前我自己先对空椅子做练习，这些东西的来源也是一部外国电影，现在看了，尤为不舒服。这些东西在艺术上就叫作不纯，所以斯坦尼竭力反对演员的"展示自己"是很有道理的。

此外我感到喜剧很不容易演，分寸感很重要，包括内部外部技巧，也包括节奏感、时间感。学来的或现成捡来的东西缺乏体验，不是血肉连心的，所以不经看。而这场戏中稍微耐看的则是：当我发现对方就是我的邻居，我想到了许多许多恶作剧的事……我难堪极了。这场戏我表演得较准确。因为这种规定情境在别的电影中没找到过。

这说明角色必须是自创选择才会有生命，经得起时间的考验。这个戏在当时喜欢的人还不少，主要原因是它体现了时代的特征，说出了那个年代青年人的心里话。同时还有一个原因，是一板之隔的规定情境，新颖而有趣，在其他戏中没有出现过。

这是赵丹后来的回忆，是一个成熟的电影表演艺术家对自己青年时期"青涩"表演的分析，这也说明了电影《十字街头》表现了一代青年一方面爱国救亡心切，一方面因为生活无着，徘徊于人生十字街头的现实生活，同时也是赵丹表演艺术不断成熟、不断探寻新路的"十字街头"。这种"我演我，过于展示自己、模仿外国电影"的缺憾，既有赵丹"青涩"表演和自幼受到戏曲夸张表演的痕迹，也有他长期演话剧的舞台表演痕迹。但是，尽管如此，影片《十字街头》因拍得流畅清新，活泼明朗，充满了生活气息，具有极为鲜明的艺术风格而受到人们的欢迎，成为中国进步电影第一个高峰的代表作。

1937年4月15日，《十字街头》在上海金城大戏院首映，《申报》在头版的位置，刊登了赵丹与白杨的巨幅剧照，着重介绍了青年电影明星赵丹，轰动了大上海。而刚刚从舞台走上银幕的白杨，虽然也有过火的舞台表演痕迹，但是影片《十字街头》总体上的成功，还是让她一举成名，从此成为了中国电影界冉冉上升的女明星，赵丹也因此为她十分高兴。随着《十字街头》的公映，赵丹成为了上海乃至全国家喻户晓的电影明星，上海进步电影评论家还专门召开了座谈会，一致肯定赵丹高超娴熟的演技，肯定他的表演艺术有了一个可喜的飞跃，进入了一个新境界。

这些评论并非溢美之词，赵丹表演艺术的这个飞跃，这个新境界完全体现在后来的电影《马路天使》中了，让他勇敢地登上了电影表演艺术新的高峰。

遇周璇 成就电影经典

在上海圣母院路一家不起眼的小酒馆里，几乎每晚都会聚集着几个年轻人，他们一边喝着五加皮，吃着炒年糕，一边聊着当天上演的戏或是电影。有时候，他们也像普通青年人一样，喜欢谈人生，谈爱情，谈理想。谈得投机就发出一阵笑声，谈得不投机，就会发生争论，争得面红耳赤，当然，这样的争论不仅不会伤了和气，反而更加增进了他们彼此之间的了解，增进了友谊。他们有说有笑，有争有吵，被人们误认为他们几个是“把兄弟”。其实，这几个年轻人正是赵丹、郑君里、袁牧之、魏鹤龄、钱千里、聂耳等人。这家小酒馆又狭小，又昏暗，经常出入的是一些形形色色的社会底层小人物，有卖报的、拉车的、捡垃圾的，有时候还会有几个歌女或三等妓女出入其间。赵丹等人经常来这里喝酒、聊天，不仅与老板混熟了，与这些小人物们混得也挺熟的。因为同情这些“小人物”，他们产生了要在舞台或银幕上表现他们的欲望，甚至已经聊到了谁演捡垃圾的，谁演报贩子，谁演妓女……干脆，就把他们写成真正的“把兄弟”吧！袁牧之一边参与争论，一边真的开始构思他的《马路天使》了。袁牧之，原名袁家莱，浙江宁波人，中国戏剧、电影编导、演员。13岁就读于上海澄衷中学，14岁便参加了洪深组织的进

电影《马路天使》海报

步剧社，后入东吴大学，演出话剧《万尼亚舅舅》一举成名；1934年进电通影片公司，拍摄并主演了他的第一部电影《桃李劫》，1935年又在电影《风云儿女》中扮演主人公辛白华，一个由沉沦到觉醒，最后走上抗日前线的青年；同年10月，袁牧之又编导了中国第一部音乐喜剧片《都市风光》。1936年转入明星影片公司，主演电影《生死同心》，他一人饰演两个角色：爱国青年李涛和柳元杰，袁牧之以其丰富的表演技巧和舞台经验，把这两个银幕形象塑造得既性格各异，又形象鲜明，赢得了“舞台千面人”的美誉。1936年，袁牧之编导的影片《马路天使》更是脍炙人口，与沈西苓编导的影片《十字街头》一道，形成了中国电影史上的第一个高峰。

《马路天使》的故事很简单，说的是在上海一个弄堂的小阁楼里，住着青年吹鼓手小陈，小陈有四个结拜兄弟：卖报的老王、水果贩子、剃头师傅和捡垃圾的失业者。他们虽然身处饥寒交迫的困境中，但是，他们有良心、讲义气、开朗乐观。小阁楼对面住着一对卖唱的姐妹小云和小红，地痞流氓威逼她们去卖身为妓女，小云和小红拼死反抗。最后，小陈和小红情投意合，在朋友们的帮助下，双双出走。袁牧之以其新颖独特的艺术构思和导演技巧，将悲剧内容和喜剧手法有机地结合起来，使整部影片拍得既幽默明快，又含蓄隽永。

电影《马路天使》的成功，还取决于袁牧之对于演员的选择，他既大胆起用新人，又独具慧眼。周璇当时是上海华

影片《马路天使》剧照

艺影片公司的小演员，才16岁，只在一些影片中饰演过说一两句台词的丫环、侍女等小配角。当时，袁牧之把周璇找来，要她演女一号小红，这让赵丹他们实在想不通。当时的赵丹、魏鹤龄已经是大明星了，怎么和一个没有拍过什么戏的小姑娘合作主演，袁牧之不是在开玩笑吧！当袁牧之把周璇介绍给赵丹他们时，周璇都不敢正面看一眼这些大明星，红着脸，低着头，向他们一个一个深深地鞠躬。还有一个就是连一句台词也没有的歌女小云，这是一个极有难度的角色，袁牧之也没有请女明星来演，而是把中国旅行剧团仅仅演过《雷雨》中繁漪一角的赵慧琛请来了。还让专干场记的钱千里演剃头师傅。更让赵丹想不通的是，袁牧之还请来了一个根本不会说国语的小学教员饰演失业者，让一个小孩演水果小贩。但是，袁牧之成功了。不用说赵慧琛没有一句台词，却把小云演得极其深刻，让人难以忘怀，成为了中国电影的经典形象。那年仅16岁的周璇更是十分出彩，只要片场灯亮，周璇就能按照导演的要求，很快入戏，既准确又鲜明地演出了小红在规定情境中的情感和动作，这让赵丹感到十分惊奇。周璇，极其朴实，简直是一个天生的演员，她纯如水，洁似雪，演起戏来没有任何杂念，是一个典型的上海弄堂里的小姑娘。赵丹后来这样回忆周璇，回忆《马路天使》：

周璇是个孤儿，在歌舞团走江湖，那时才虚岁十六。她很有趣，见人深深鞠躬，眼睛不敢看人，我们讲戏，她不懂，老是笑，天真极了。常常与戏中的一个小演员在布景后面打弹子。可是一上镜头，把我怔住了，导演要求的，她都能恰如其分地表演。

例如有一节戏的情节是：接到我扔过去的苹果，她高兴极了，但看到姐姐又害怕，演得完全符合人物的心理状态。所以斯坦尼说一个演员要有孩子骑竹马的信念就不得了，这就是演员的素质。

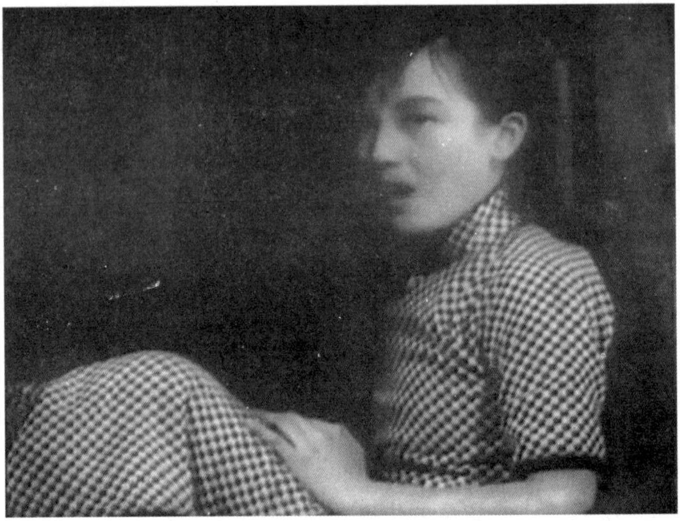

影片《马路天使》中的周璇

影片《马路天使》中的赵丹

周璇当时确实纯洁极了，像一张干净的白纸，要怎么写就怎么写，这种素质不可多得。她的唱歌技艺是本色的，又甜又松又柔。

袁牧之对她早看在眼里记在心里啦，所以他的剧中人都是非要这几个演员不可的，他就是按这些演员的特点写的。

我演一个吹喇叭的小陈，魏鹤龄演卖报的老魏。袁牧之抓住我们每人的性格特征，创造了人物，表现了生活。人物关系也是按照我们平时的原型。如我与老魏就是同生死、共患难、情同手足的关系。

由于《马路天使》本来就是来自于生活，是在那个小酒馆里诞生的。那里的生活，那里的小人物，第一次被搬上银幕，鲜鲜活活的生活，实实在在的人物，均可复制，无须模仿，演员的表演自然也就来自于生活，从自我出发了。赵丹的表演真正从生活出发，从自身出发，演起来同样得心应手。在《马路天使》中，赵丹既有“我演我”的地方，也有超越自己的地方，既以角色为引导，又不至于完全脱离自己的基本素质；既受形象的引导，又受形象的制约，比较好地解决了演员与角色的矛盾。正如赵丹自己所说的：“袁牧之非常严格地以形象来要求。所以越演越不费力，越演越自如，几乎到了‘自由王国’。”

现实的题材，现实的生活，现实的人物，让赵丹的表演无从模仿外国电影，无从放纵地展示自己，无从流露舞台表演的痕迹，从《十字街头》的“我演我”到《马路天使》的“既受形象的引导，又受形象的制约”，完成了他表演艺术上的一个飞跃。

1937年7月24日，《马路天使》于上海金城大戏院首映，获得一片赞扬。电影评论家称其为中国电影的一朵奇葩，周璇也因此成为中国电影的偶像人物。周璇，江苏常州人，原名苏璞，11岁参加上海明月歌舞团，后入新华歌舞社，由音乐家黎锦辉提议改名周璇。1935年从影，在天一影片公司拍摄的《美人恩》中扮演角色，1936年入华艺影片公司，电影《马路天使》及其插曲《天涯歌女》为其代表作之一。周璇一生拍过40余部电影，演唱电影插曲100余首，为当时中国七大歌星之首，是著名的影星、歌星，素有“金嗓子”之称。

赵丹在1936年一年当中主演了两部电影，上半年拍《十字街头》，下半年拍《马路天使》，两部电影均在第二年的上海金城大戏院公映，轰动大上海，影响遍及全国。虽然，在此之前，赵丹已经拍过20部电影，但是，这两部电影却是赵丹最有影响的代表作品，同时，这两部电影不仅确立了在中国电影发展第一次高峰的地位，也奠定了赵丹在中国电影史上的重要地位，为赵丹日后的电影事业打下了坚实的基础。

演话剧 轰动上海南京

1936年底，夏衍为王莹写了剧本《赛金花》，蓝苹为了争演赛金花一角，与王莹及其男友金山闹翻了，金山因此从业余剧人协会拉出一些人马另外搞了一个“四十年代剧社”，去南京排演《赛金花》了。正被国民党当局软禁的田汉知道此事后，十分忧虑，通过关系在《戏剧时代》发表了文章，题为《话剧界的团结问题》，文中说：“我以为新兴戏剧界无论团体或个人之间必须有更强的团结……但是，不幸得很，这话虽然成了常识而问题依然存在却是事实。无论职业剧团与业余剧团间依旧存在许多矛盾、冲突，这些冲突却不是可欢迎的……”

蓝苹爱出风头，性格泼辣，这在上海业余剧人协会是出了名的，金山与王莹的出走，无疑是业余剧人协会的一次“内部地震”。为了缓解矛盾，团结大家，陈锂庭建议尽快排演新戏，转移大家的注意力，并具体提出排演奥斯特罗夫斯基的《大雷雨》、托尔斯泰的《欲魔》和爱尔兰作家的《醉生梦死》三部世界名著。陈锂庭的建议得到了大家的赞同。赵丹出演《大雷雨》的主角奇虹，蓝苹演卡杰琳娜，郑君里、叶露茜、舒绣文也都在剧中扮演了角色，导演是章泯。

赵丹一向很敬重章泯，是章泯导演了易卜生的《娜拉》，第一次将世界名著搬上了中国舞台，又是他第一次向中国演员介绍了斯坦尼表演体系，并且在《娜拉》的排演中实践了这个科学的表演体系。赵丹也因此第一次接触了斯坦尼表演体系，表演上有了很大的提高。赵丹非常钦佩章泯渊博的学识和导演的才能。可是，赵丹万万没有想到，他所钦佩的大导演竟然与有夫之妇蓝苹幽会，致使自己的好兄弟唐纳投江自尽，幸得路人相救，才得以生还。赵丹心里窝着气，几次在排练中与章泯发生冲突，都被郑君里劝了下来。但是，赵丹毕竟是艺术家，绝对不会因为与章泯怄气而放松自己的艺术创造。他认真阅读剧本，重点分析了奇虹这个人物。他想起了在排演《娜拉》时运用的“以正求反”经验，要想准确、深刻地塑造人物，必须从人物出发。《大雷雨》中的奇虹应该是一个外形怯懦、丑陋，甚至有点“傻”，内心却纯朴、善良的人。而他的内心应该通过外部的行动和语言，一层一层展现出来，这样处理，表演会显得更加有层次、有节奏，而奇虹这个外貌丑陋、内心善良的人的悲剧性意义，完全可以通过喜剧化的表演对比、烘托出来的。赵丹坚定了自己的信念，认真地投入了排练。可是，当他的设想、他的处理通过几个形体动作表演出来的时候，引得大家一阵哄堂大笑。有人指出：这是一出庄严的悲剧，阿丹怎么可以用喜剧化的手法来表现深刻的悲剧主题呢？蓝苹直接对章泯说：阿丹这样处理，将会破坏悲剧的严肃性。赵丹心里也不安宁，看着章泯，就等着导演章泯与蓝苹唱一个调，不知道会怎样否定他的表演。可是，没想到，章泯平静地走向赵丹，坚定地说：“阿丹，你是一个艺术家，坚持自己的创造，走自己的路，我支持你！”赵丹的眼睛湿润了，心想，章泯啊章泯，我没有看错你，你不愧是一位有学识、有气量、有见地的大导演。他从心里感谢章泯。

1937年1月27日，话剧《大雷雨》在上海的卡尔登戏院公演。剧终，大幕徐徐落下，观众席里一片寂静，没有掌声，没有议论声，观众的情绪完全沉静在强烈的不平静之中，随后，“哗——”掌声雷动，如决堤的黄河波涛。演出成功了。赵丹塑造的奇虹真实感人，朱今明的灯光布景奇妙瑰丽，成为《大雷雨》的两大看点。次日上海《时事新报》称：

……此剧由章泯导演，赵丹、郑君里、蓝苹、舒绣文等诸大演员协力演出，冼星海先生担任全剧音乐配奏，全剧四景，费用逾千余万，伏尔加河畔之风光以及俄国之情调，能在中国舞台上出现，尚属创举。

《大雷雨》在卡尔登戏院连演10场，场场爆满，中外各大报刊一致推崇。赵丹主演的《大雷雨》轰动了大上海，为业余剧人协会又一次赢得了社会赞誉。但是，演出的成功，并没有能够挽救业余剧人协会经济上的困窘，三部世界名著都是古典戏剧，服装、布景、道具和场租，仅靠票房收入，根本不可能应对成本，巨大的债务困扰着赵丹他们。

与此同时，金山带领“四十年代剧社”在南京演出《赛金花》，也十分火爆。他给赵丹写来了一封信：

阿丹大鉴：

离沪抵宁数天，大有一别三秋之感。《赛金花》在南京公演了，卖座率甚高，颇受观众欢迎。出人意料的是，小小的一个“赛金花”，竟会触怒政府的文化界“大人物”张道藩，他居然在大庭广众面前狠狠地将茶杯摔到台上……

演出自然受到了影响，不过，戏还是要演下去。我想，“业余剧人协会”的三个古典戏，看起来离现实远些，而且局势也在变。你们来吧！南京的文化娱乐远没有上海活跃，民众会欢迎你们的，也可望给协会带来一笔可观的收入。期待你们来京。

小叶娘儿俩好吗？代我吻吻小露丹！

敬颂

大安！

金山　×月×日

赵丹动心了，他去找协会的骨干们商量，正巧，陈锂庭带来消息，说是南京有几家大戏院邀请他们去公演。经过一番讨论，决定由陈锂庭先去南京看看情况，再作打算。几天以后，陈锂庭带回了好消息，他已经和南京的几家大戏院签订了演出合同，决定春节期间在南京公演《大雷雨》等三部世界名著，他还带来了戏院预支的演出费，还清了由赵丹等为协会借来的全部债务。

1937年2月8日小年夜，赵丹等上海业余剧人协会的100多位剧人，浩浩荡荡地开进了当时的首都南京城。

南京城沸腾了。南京市民看过不少赵丹主演的影片，近日，他们又刚刚看过由赵丹主演的连续放映一个多月的影片《小玲子》，这时候，听说大明星赵丹来了，于是，男女老少们争相转告，拥向街头，夹道欢迎上海来的电影明星们。

第二天，上海业余剧人协会举行宴会，招待南京城各界人士。

南京《中央日报》在头版刊出巨幅广告，戏票供不应求。

演出被安排在中华大戏院，这是一个演京剧的地方，人们对观看话剧"对号入座"的规矩很不习惯，戏院卖重票，观众找不到座位的事情时有发生，还经常因为"对号入座"产生的误会而吵架。观众的成分也十分复杂，很多人因为话剧"不唱"而议论纷纷，观众席里很不安静。但是，开场不久，新奇的外国内容，动人心魄的剧情，精彩感人的表演，立即抓住了观众，他们目不转睛地盯着舞台的演出，剧场里很快安静下来了。

《大雷雨》等三部世界名著在南京城连演10天，《中央日报》连续10天在头版刊登巨幅广告，赞扬的文章更是连篇累牍。中国文艺社和国立戏剧学校设宴招待了赵丹他们，国

电影《小玲子》剧照

民党中央委员会也派员参加了招待会。

由于南京城各方的盛情邀请，原定从2月10日连续10天的演出不断加演，直至2月22日，赵丹他们才离开南京返沪。

这年4月，上海各报同时刊登了一条消息：

业余剧人协会本为爱美的（Amateur）剧团，由于客观环境的需要，决定改为职业剧团，更名为业余实验剧团。上演剧本已决定者有莎士比亚之《罗密欧与朱丽叶》，陈白尘之《太平天国》，阳翰笙之《李秀成之死》，宋之的之《武则天》，曹禺之《原野》等剧。第一剧《罗密欧与朱丽叶》由赵丹等主演。

上海业余剧人协会原本是个业余剧团，大都是由赵丹等利用明星的号召力筹措资金排戏演戏的。为了谋求发展，争取社会资助，他们与新华影业公司联合组建了职业剧团——业余实验剧团，全班人马搬了过来，只是换了一个剧团的名称。赵丹为了"协会"的发展，也为了能够多演话剧，退出了"明星公司"，加入了"实验剧团"，可见赵丹不仅钟爱电影，也十分钟爱话剧艺术。

虽然，莎士比亚的《罗密欧与朱丽叶》早被美国拍成了电影，在中国被翻译成《铸情》也放映已久，很受中国观众的喜爱。但是，大明星赵丹要将这电影改成话剧，这让观众们很是期待。赵丹不负众望，以电影、话剧两栖演员的优势，既发挥了电影的长处，又抓住了话剧的特点，精心塑造了罗密欧的舞台艺术形象。

1937年6月4日，业余实验剧团的第一部戏《罗密欧与朱丽叶》在卡尔登剧院公演，赵丹、俞佩珊、徐渠、章曼萍等精彩的表演令观众大为赞叹，又一次轰动了大上海。随后，《太平天国》《李秀成之死》《武则天》《原野》也将在这里相继公演，为此，业余实验剧团与卡尔登剧院签订了长达4个月的演出合同。可是，谁也没有想到，"七七事变"爆发，卢沟桥的炮声震惊了每一个中国人，上海"八·一三"淞沪保卫战掀起了中华儿女全面抗战的高潮。

为救亡 辗转武汉重庆

“八·一三”的炮火还在轰响，天上的日军战机还在盘旋，8月20日，赵丹和妻子叶露茜毅然走向卡尔登剧院，参加了上海影剧界召开的抗日救国誓师大会。会上，上海戏剧界救亡协会成立，并当场组织了13个抗日救亡演剧队奔赴各地宣传抗日救亡。赵丹和叶露茜被编入了抗日救亡演剧三队。

早在卢沟桥“七七事变”爆发以前，组织上就派章泯、张庚通知赵丹，为了有利于抗日民族统一战线的工作，中共地下党组织决定解散“剧联”，赵丹从此成为单纯的文艺工作者了。抗战爆发后，他和妻子叶露茜丢下不满周岁的女儿小露丹和家中老人及弟弟妹妹，随演剧三队辗转长江沿线，宣传抗日。他们没有带多少生活用具，却将剧团的服装、道具随身带着，由朱今明负责携带、保管。朱今明毫不含糊，他白天行军，背着这些服装道具，夜里还自告奋勇地为全队的二十多人站岗放哨，赵丹和顾而已半夜里来换班，经常被朱今明劝了回去。

演剧三队沿途经过苏州，苏州的市民听说大明星赵丹来了，非常兴奋，连夜在太湖岸边搭起了露天戏台。第二天一早，他们争先恐后地赶到这里来看演出。在一片群情激昂的口号声中，赵丹他们演出了《放下你的鞭子》，由赵丹导演，叶露茜演香姐，顾而已演老父亲。这是一出著名的鼓励全民奋起抗战的街头剧。演到高潮之处，观众们激情难抑，齐声高呼起来："打倒日本帝国主义！""杀尽日本鬼子兵！"就这样，他们从苏州到无锡，从无锡到常州，走一路，演一路，一边排练，一边演出。一路上，赵丹还导演了《毒药》《八·一三》《望东北》等新创节目。

赵丹在回忆这段往事的时候说：

抗日战争爆发，我随"上海救亡演剧三队"沿京沪线做抗日救亡宣传工作，这时虽然能和一些工人、农民及国民党的士兵接触，但俨然是我来教育、宣传抗日的大道理。过去天天喊"大众化""大众化"，其实没化得了。

记得一次我在台上演出，我演得情感饱满，热泪盈眶，而台下农民观众哄笑。事后，农民问我们队里的人，说："戏里那个老头是中国人，还是外国人？"这对我刺激极大，使我猛醒，也是我此后一直追求"民族表演体系"种下的种子。

这就是赵丹，大师就是这样炼成的。他不仅刻苦学习，努力实践，而且还能主动反省，不断检验自己的艺术实践，总结经验，吸取教训，时刻不忘调整自己的表演状态，并且自觉树立起创建民族表演体系的理想和信念。

10月下旬，赵丹他们抵达镇江，与先期到达的抗日救亡演剧四队会合了，两队会师，一阵欢欣鼓舞。这时，他们接到了阳翰笙的来信，说是全国有许多的文艺界人士都集中在武汉，正在进行规模盛大的抗日救亡宣传活动，希望他们能抽出一部分人员去武汉，还说陶金、魏鹤龄等正在武汉等他们。两个队立即召开联席会议，决定赵丹、顾而已、朱今明、叶露茜、杜小鹃等赶去武汉，并由赵丹带队。

赵丹等一行人来到武汉，找到阳翰笙，却无处栖身。阳翰笙把自己在日租界的住房空出一间来，给他们十几个人暂时居住。阳翰笙，原名欧阳本义，四川高县人，著名作家、戏剧家，中国新文化运动的先驱者之一。1927年参加创造社，编辑《流沙》周刊和《日出》旬刊，1929年参与筹建中国左翼作家联盟，并任“左联”党团书记和中共上海中央局文化委员会书记，分工领导“左翼剧联”的工作。1933年起创作电影剧本《铁板红泪录》《中国海的怒潮》《生死同心》《草莽英雄》等。抗战期间，曾任国民政府军事委员会政治部第三厅秘书、文化工作委员会副主任、中国电影制片厂编导委员会主任等职，创作电影剧本《八百壮士》《塞上风云》，话剧《天国春秋》《草莽英雄》等。这段时间，阳翰笙正根据周恩来的指示，在武汉忙着抗日救亡运动的宣传和组织工作，根本无暇创作剧本。但是，一心想演戏的赵丹怎么能放过这位大作家，他拿出了一个电影剧本《塞上风云》，强烈要求阳翰笙立即把它改编成话剧。这个电影剧本是阳翰笙在上海时期创作的，原定由上海新华电影公司拍摄，因“八·一三”日军进攻上海而搁置了。阳翰笙也很喜欢这个剧本，赵丹现在要他改编成话剧，打算在武汉上演，阳翰笙也很高兴，当即答应15天拿出话剧剧本《塞上风云》。

不久，11月14日的《武汉日报》刊登了这样一条消息：

上海业余剧人协会赵丹等，业已来汉，筹备公演。该会已赁智民里十一号楼上为会址，正排练国防剧《塞上风云》《夜光杯》，已与上海大戏院订立合同，本月下旬即可在该院先后演出。

自从赵丹他们加入抗敌演剧队，离开了上海，原本的“上海业余实验剧团”因为老板的不辞而别宣告自动解散，这次在武汉演出《塞上风云》，他们又启用了自己原本响当当的名称：上海业余剧人协会。话剧《塞上风云》由洪深导演，赵丹、陶金、叶露茜主演。演出非常成功，台上，激情四溢；台下，掌声雷动。民族团结的抗日激情震撼了武汉的上海大戏院，轰动了武汉三镇。《武汉日报》等媒体公认赵丹他们是“一个坚实的团体，演出了坚实的戏剧”。

当时，武汉还是抗日的大后方，全国有五六万文化艺术界人士云集在武汉，正在进行大规模、大检阅式的抗日救亡演出周活动，而赵丹他们仅有十几个人的“上海业余剧人协会”竟然轰动了武汉三镇，有力地推动了中国抗日救亡运动，也让赵丹这颗熠熠生辉的电影、话剧明星更加光彩夺目。当时的赵丹，才22岁，在全国五六万文化艺术界人士云集的武汉演出《塞上风云》，又一次奠定了在中国电影、话剧界的极高声誉，引起了周恩来等中共高层和文化界田汉、阳翰笙等人的高度关注。

此后，田汉亲自执笔，创作了话剧《最后的胜利》，几十个演出团体、数百名戏剧工作者参加了演出，田汉亲自点名由赵丹饰演男主角，女主角由王莹扮演。这一次的创作演出过程非常奇特，被传为中国戏剧发展史上的一段佳话：一间小屋里，田汉在奋笔写剧本，写完一页，送到另一间小屋里，立即刻印，印出的一页油墨未干，又被送到一间稍大的屋子里，洪深在排戏。就这样，田汉写一页，刻印一页，洪深排一页，演员演一页，一部戏从写剧本到排练，不出一个星期，便送上了舞台。这是战争年代戏剧工作者创造的“奇迹”，对于演员来说，既是锻炼，也是考验。赵丹有丰富的艺术实践经验，他的应变能力和创造能力极强，他非常出色地完成了演出任务，当大幕徐徐合上，观众流下了激动的泪水，掌声如排山倒海。

1937年11月，国民党政府通告中外，迁都重庆。于是，在国共合作时期，重庆成为了民族团结抗日的大后方，古老的山城顿时活跃起来。而演剧，是抗日救亡的重要形式之一。中共党组织派陈鲤庭、宋之的、王苹、赵慧深等人与赵丹他们一起组成了“上海旅川业余剧团”，从武汉溯江而上，经宜昌，过三峡，宿万县，一路演到重庆。

在重庆，赵丹他们重演《塞上风云》《夜光杯》，还排演了新戏《民族万岁》《故乡》等，使山城重庆格外群情振奋。来自全国各地的文艺团体和重庆当地的大小剧社也都活跃起来，形成了抗敌演剧的一个又一个高潮。

国民党政府也很想占领文化阵地，他们组建了“中央电影摄影场”，简称“中电”。他们很想拉拢赵丹等原本“上海业余剧人协会”的一批骨干，根据当时情况，重庆的中共领导人也制定了相应的斗争策略，阳翰笙对赵丹他们说：进去是可以的，但有条原则，只为抗日工作服务，不为他们的党服务。这一年，赵丹在中央电影摄影场只拍了一部电影《中华儿女》，编导：沈西苓；摄影：洪伟烈；主演：赵丹、康健、顾而已、施超、陈依萍、魏鹤龄、白杨。影片包括有四个小故事，其中，“一个农民的觉醒”写青年农民刘二哥和妻子在日本侵略者铁蹄下的悲惨遭遇，赵丹饰青年农民刘二哥。

1938年10月，从武汉迁至重庆的“中华全国戏剧界抗敌协会”在山城重庆主办全国“第一届戏剧节”，掀起了全国性的抗敌演剧高潮。重庆是戏剧节活动的中心，赵丹是总会的常务理事。演出委员会组织所有在重庆的专业和业余剧团，编成了25个街头演剧队，浩浩荡荡地向预定演出地点出发，整个山城重庆到处人山人海，随处可见抗日的戏剧演出。《中央日报》在醒目的位置报道了戏剧节第一天的盛况：街头的动荡，剧人的怒吼——热烈的戏剧山城。这届戏剧节历时3个星期，重庆各大剧场和公共场所接连不断地进行着戏剧演出活动，而戏剧节的高潮则是压台戏《全民总动员》的公演。剧本原由宋之的、陈荒煤等创作，后经曹禺、宋之的修改定稿。剧本主要描写某救亡团体在抗日宣传活动中所展开的错综复杂的斗争。

10月29日下午，《全民总动员》在重庆国泰大戏院首演。

大幕开启，舞台上空无一人，突然，一家金店的门洞里出现了一只拨浪鼓，不停地摇着，不停地响着。一会儿，手持这拨浪鼓的人从门洞里“突”地跳出来，他蓬头垢面、破衣烂衫、疯疯癫癫，满口胡话。他，就是赵丹饰演的这场斗争出奇制胜的领导者——邓疯子。

《全民总动员》连演7场，场场爆满，观众达万人之多，10多万元票款，全部捐献给了前方抗日救亡的将士。

进新疆 惨遭牢狱之灾

作为全国首届戏剧节的中心，重庆山城云集了当时中国影剧界的各路英豪，可谓“群英荟萃，高手林立”，戏剧节的演出活动频繁而热烈，受到了山城人民山呼海啸般的欢迎，取得了抗日救亡以来空前的宣传效果。但是，赵丹是艺术家，他不满足于这样的宣传，他开始反思：虽然“各路英豪”身手不凡，演技不错，观众也爱看，但是，这些大演员、大明星们的表演各行其道，各显其能，风格极不谐调，有的注重外在的造型美、雕塑美，非常讲究一招一式；有的注重内心体验、生活逻辑，演得四平八稳，不温不火；有的甚至靠卖弄噱头、搞笑来吸引观众，博得一笑。“众人皆醉我独醒。”赵丹在全国戏剧节的热闹之余，看到了中国表演艺术的潜在危机，他觉得，中国的电影、话剧表演应该好好学习斯坦尼表演体系的基本理论，同时，我们也应该有自己本民族的表演艺术体系。一阵反思过后，赵丹暗下决心，一定要在建立中国民族表演体系方面做出自己的努力。

时隔不久，赵丹导演了鲁迅原著、田汉编剧的话剧《阿Q正传》，他有心想在导演这出戏的过程中，对中国民族表演做一些有益的探索，便与饰演阿Q的钱千里一起寻找表演的新路子、新方法，虽然是初次尝试，也没有理出什么头绪，但是，他们还是成功地塑造了一个“哀其不幸，怒其不争”的阿Q形象。随后，夏衍的《上海屋檐下》付排，应云卫导演，赵丹、魏鹤龄、吴茵、王为一、叶露茜、施超、张瑞芳等主演。自从赵丹有了一个清醒的民族表演艺术追求，自然会在实践中努力付诸实施，希望全剧的表演风格能够更加和谐、更加统一。但是，他却未能如愿，大明星们依然是“敲锣卖糖，各有各样”。剧中，赵丹饰匡复，当他坐了八年牢，出狱归来，满心希望同妻儿团圆时，发现妻子已经改嫁，而且是嫁给了自己的朋友林志成。他痛苦、恍惚、眷恋、愤懑，不幸的命运遭遇强烈的刺激，复杂的内心情感难以自抑，赵丹在语言、形体、表情等诸多方面，都采用了比较夸张而强烈的艺术处理。而饰演林志成的魏鹤龄却是恰恰相反，他既不强烈，也不夸张，总是慢慢腾腾的，丝毫也不激动。赵丹为此既苦恼，又自省，不由想起了斯坦尼斯拉夫斯基。他忽然觉得，要建立民族的表演体系，还是得首先学习斯坦尼的创造方法和舞台表演理论，只有在斯坦尼的基础上，才能建立起民族的表演艺术体系。这时候，他非常渴望能亲自去苏联，学习、体验斯坦尼的表演艺术。

一日，赵丹与王为一聊起了国民党中央宣传部的“中国电影摄影场”，心情很不舒畅，说要到延安去看一看。正在这个时候，王为一在《生活》周刊的一个编辑朋友非常热情地告诉他们，何必去延安，还有一个地方更好，这个新的地方更需要人。他给赵丹和王为一推荐了一本书——《盛世才与新新疆》，还有《新新疆画报》。他还说，新疆督办兼主席盛世才十分开明，他提出了亲苏、联共、反帝、民主、和平、清廉六大政策，现在的新新疆，是一个自由、快乐、美好、宁静的天堂，他正在招兵买马，很需要你们这样的艺术人才。赵丹和王为一都说，我们在新疆没有熟人，无法联系。他说，你们可以去找邹韬奋啊！韬奋先生与正在新疆工作的茅盾、张仲实、杜重远很熟，经常有联系的。

赵丹看了那些画报和《盛世才与新新疆》的宣传和描写，顿时兴奋起来了。他们找到了邹韬奋，通过韬奋先生又联系上了在新疆的茅盾、张仲实和杜重远。几天后，茅盾回电：

此事已告盛公，表示欢迎。但新疆生活很苦，望慎重考虑。

一句“欢迎”，赵丹他们更加兴奋了。生活很苦，怕什么，为了艺术理想，苦，算不了什么。茅盾的回电，更加坚定了赵丹去新疆的信心。

《盛世才与新新疆》一书的作者就是杜重远。杜重远，辽宁开原人，早年曾留学日本。“九·一八”事变后积极参加抗日救亡运动，以记者的身份在华北、华南一带宣传抗日救国，并结识了周恩来、叶剑英等共产党人。曾与李公朴、胡愈之筹办《生活日报》，后又独立创办了《新生》周刊，时常撰文揭露日本帝国主义的阴谋，国民党当局因为屈从日寇的压力，不久，《新生》被勒令停刊，他同时被捕，被关押在上海第二监狱，鲁迅等各界爱国人士向反动当局表示了强烈抗议。1936年出狱后，他力促张学良、杨虎城发动“西安事变”。事变发生三天后，他即被软禁，押往南京。1938年在武汉、香港多次会见了周恩来，更加坚定了他对中国共产党人的信念。1939年，杜重远被邀请创办新疆学院并任院长，他又力邀茅盾、萨空了、张仲实等前往新疆学院任教。

杜重远与盛世才是同乡，从小是同学，感情很好。新疆当时是一个省，地处西北边塞，与苏联毗邻。盛世才作为新疆的“督办兼主席”，为了使自己的政权能够独立于国共两党之外，他宁可依附于苏联，极力模仿苏联。斯大林还曾经把盛世才接到莫斯科培养了两年。但是，他模仿最多的却是苏联的“肃反”运动和机构设置，因此，整个新疆的气氛始终是笼罩着阴沉与恐怖的，对外却被说成了自由、民主、安宁的天堂。

说起去新疆的真正动因，赵丹当年是这样回忆的：

为了宣传“新新疆”，盛世才事先作了一番布置，让杜重远参观了新疆监狱，察访社会秩序，了解文化建设，简直是一派歌舞升平的景象，而这又都被杜重远描写到《新新疆》中去了。这种对社会主义式新疆的描写曾诱惑了大批的内地人，尤其是在抗战失利，国共不和，使内地无宁静之日的景况下，一些谋求“安宁的环境”，寻求“生路”和“新路”的人，纷纷投奔这块“乐土”而去。在此之前，已有茅盾、张仲实等人去了。这些美好的前景同样诱惑着我们这批政治上天真幼稚的青年。以为从新疆看到了苏联，又看到了“已经实现的社会主义”。

当时我们也把新疆与延安作了对比。通过调查，印象中延安生活单调、艰苦，又认为没有著名的文化人；而新疆有茅盾、杜重远、张仲实等著名文化人呢！茅盾我们尤其崇拜。就凭这一点，新疆也比延安有价值。但更主要的是认为新疆已建成了社会主义理想王国，而延安则还在战争与奋斗之中。对于搞艺术的人来说，我们需要和向往的是一个能让我们一去就伸展艺术翅膀的“艺术王国”，需要的是一个自由、安宁的天地。想象到了那里可以按自己的理想办起丹钦柯式的剧场，建立电影院，可以按照斯坦尼斯拉夫斯基的那套理论，大大地实践一番。

赵丹他们想象着能在新疆建立一个丹钦柯式的大剧院，再有一个属于自己的剧团，只是他和王为一、朱今明中，缺少一个善于管理的人，于是，赵丹想到了他的好友徐韬。当时徐韬正在桂林洪深领导的一个剧团里，他还是那个剧团的负责人之一。赵丹给徐韬去了一份电报说：“有个好地方，邀你一同去，快快赶来重庆。”徐韬是赵丹上海“美专剧团”时期的好朋友，连什么“好地方”都没问，甚至都没有回电，徐韬就匆匆离开了桂林，赶到了重庆。

赵　丹

为了能在新疆专心致志地搞艺术，生活上免去后顾之忧，徐韬赶到重庆后，立即与女友结了婚。于是，赵丹、王为一、朱今明和徐韬四对年轻夫妇，又带上一个搞音乐的青年易烈，加上赵丹和叶露茜刚刚出世才四个月的儿子苗苗，一行10人，乘上了去往西北的长途汽车，奔赴新疆了。

去新疆之前，赵丹他们也曾向重庆的文化界领导阳翰笙、郭沫若汇报过这个想法。阳翰笙认为，有这样的好地方，当然可以去。但是他办事比较慎重，他说要找上级“问一问”。阳翰笙所说的上级，当然是周恩来。当时，正是国共合作时期，中共中央军委副主席周恩来奉命出任国民政府军事委员会政治部副主任，驻重庆曾家岩50号。周恩来到重庆后，多次看过赵丹的演出，最近又看了赵丹刚刚拍摄的电影《中华儿女》，对这位思想进步、才华横溢的青年特别看重。正因为此，赵丹提出要离开重庆，去新疆，阳翰笙是一定要向周恩来汇报的。可是，事不凑巧，重庆遭遇日寇的大轰炸，几乎成了一片火海。赵丹住在重庆的南岸，阳翰笙住在市区，他们一时无法联系上。火海一般的重庆，更加促使他们要急于离开这里了。找不到阳翰笙，他们就去向郭沫若辞行。郭沫若同意他们去新疆，还很是鼓励了一番。告别了郭沫若，赵丹他们便离开了重庆。

周恩来得知赵丹他们一行10人要去新疆，十分着急，立即派冯乃超带人去把他们追回来。周恩来早已看出，盛世才是假革命，假进步，打着“抗日、进步”的旗号，实则是一个彻头彻尾的军阀独裁者。赵丹他们去新疆，无疑是进魔窟。

冯乃超他们一直追到了兰州，可惜已经晚了，赵丹一行已经在前一天过了星星峡，一过此峡，犹如过了“阴阳界”，无法唤回了。因为，他们过了星星峡，就已经进入了武装防守的新疆边界。

汽车在新疆境内行驶了半个多月，到达新疆首府迪化（今乌鲁木齐）。当天晚上，赵丹他们便拜访了茅盾。谁知，茅盾一见到他们，十分吃惊。他告诉赵丹，回电中所说的“生活很苦”，是暗示你们不要来。为什么要暗示？原来，茅盾的回电是要盛世才过目的，不能明说的。茅盾还告诫他们：你们要想在这里干什么事业是不可能的，这里连拍个照片都会有人暗中盯梢的。这里的政治环境很复杂，让人看不透。听了茅盾这一番话，赵丹他们如冰块抱怀，冷到心里了。茅盾，原名沈德鸿，字雁冰，浙江嘉兴桐乡人，中国现代作家和文学评论家，1921年初参加了上海中国共产主义小组，参与筹建中国共产党，是中国共产党最早的党员之一。曾任“左联”执行书记，与鲁迅先生一道，从事革命文艺活动和斗争，并协助鲁迅创办《译文》杂志。“左联”期间，创作了长篇小说《子夜》，短篇小说《林家铺子》等。1937年，他参加了《救亡日报》的工作，主编《呐喊》。上海沦陷后，他辗转长沙、武汉、香港、广州等地参加抗日救亡工作，1939年3月，应杜重远邀请到新疆学院任教。

听了茅盾的一番介绍，赵丹他们心惊肉跳，表示要立即回重庆去。茅盾却说，这里不是来去自由的地方，盛世才的密探早就盯上你们了。既然来了，就先安顿下来，有了机会再走。过些天，盛世才会宴请你们，席间谈吐一定要小心。

没几天，盛世才便请赵丹他们吃饭。来到盛世才的督办府，他们先在客厅里等候。客厅里挂着几幅油画，美专毕业的赵丹一看那些画，感觉从内容到形式都十分蹩脚，属于上海罗宋菜馆里白俄匠人画的那种低级货。这样的劣等货，竟然会被奉为珍宝，还挂在客厅里，可见此人见识之低。赵丹断定这个盛世才是个没文化的人，心里无甚好感，便露出一副不屑一顾的样子。

一会儿，盛世才来了，警卫们高呼："盛督办万岁！盛主席万岁！"真有一种"独立王国"里国王驾到的气势。盛世才，辽宁开原人，出身贫寒，曾留学日本东京明治大学，归国后进韶关讲武堂学习，毕业后回东北，在奉军郭松龄部任排长、连长、上尉参谋。1923年，经郭松龄介绍，张作霖送他进了日本陆军大学学习。回国后，因其善于钻营，先后得到冯玉祥、蒋介石的信任，在国民党贺耀祖部任参谋，后又调总司令部任上校参谋兼中央军校军官教导团教官。1929年调参谋本部第三厅任科长，1930年秋随新疆秘书长鲁效祖入新疆，年底，被任命为新疆军校战术总教官。两年后，任东路剿匪总指挥，屡战屡胜。1933年，新疆发生"四·一二"政变，金树仁政府仓皇出逃，拥有重兵的盛世才被各方推举为新疆临时督办，成为新疆最高长官，独霸新疆达十二年之久。此人中等身材，长得一脸横肉，说话声音洪亮，略带口吃，一副典型的军阀模样。此时的盛世才虽是西装革履，显得彬彬有礼，但他身后的四个卫士却是荷枪实弹地挂着盒子枪，一副凶神恶煞的样子，这让赵丹大为不快，不时地瞅瞅那几个卫士，流露出几分厌恶。赵丹的神情早被盛世才看得一清二楚，极善伪装的盛世才立即下令，撤去卫士，只留一人端菜。盛世才的伪善，消除了年轻赵丹的疑虑，席间，气氛还算融洽，盛世才还嘱咐茅盾和杜重远，要妥善安排好赵丹他们的工作问题。

此后，赵丹一行在杜重远的安排下，与新疆学院的学生一道，排演了章泯的抗日剧目《战斗》，成立了“新疆实验话剧团”，新疆的中共地下党组织还派出了于林、白大坊等以学生的身份参加话剧团，暗中保护他们。当时的新疆，在文化艺术方面十分落后，赵丹他们的演出令当地人大开眼界，吸引了不少男女老少，几乎人人都在谈论这些内地来的年轻艺术家。

这样风平浪静的日子，让赵丹他们消除了不少顾忌，想着与新疆接壤的苏联，想着他们心中的艺术理想，赵丹与朱今明等连夜疾书，给正在苏联的上海艺术家朱相臣写信，希望能够得到他的帮助，尽快去苏联莫斯科艺术剧院学习斯坦尼的表演理论。可是，他们万万没有想到，盛世才独裁统治下新疆是没有“通信自由”的，所有来往信件都必须经过审查。他们的信件不仅没有发出去，反而招来了盛世才的好几个“密探”。从这一天起，赵丹他们失去了自由。

一日，他们在路上遇见了重庆来的孙维世。孙维世是周恩来的养女，是烈士的遗孤，她曾经和赵丹在一个剧团工作，是同事、朋友。孙维世告诉她，周恩来也来新疆了，他是去苏联治手的，你们不要去看他，新疆到处都是特务，情况很复杂，什么事情都可能发生，千万要保证周副主席的安全。赵丹懵了，连堂堂的中共中央军委副主席都不安全，什么“反帝”“联共”“民主”“和平”全都是幌子、骗人的鬼把戏！赵丹不禁怒火中烧，几乎要疯了。孙维世还告诉赵丹，她是去苏联学习的，路过这里。赵丹一听孙维世要去苏联学习，很是羡慕，正要向孙维世了解情况，却因身后几条晃动的黑影，孙维世没有说下去就匆匆地走了。

赵丹他们被盛世才的密探盯上了。他把这个情况告诉了茅盾，茅盾判断说，他们可能认为，你们与重庆方面有什么联系。

1940年夏天，茅盾告知，杜重远被软禁了。不久，茅盾又告知，杜重远被捕了。这怎么会呢？杜重远是盛世才的同乡同学，是盛世才请来办学的客人，他怎么会被捕呢？接着，张仲实请假回去看望病重的伯父，走了。又接着，《新疆日报》刊出茅盾母亲的讣告，并声明全家即赴故里奔丧。新疆汉文化促进会摆了灵堂，茅盾全家人披麻戴孝地守灵，新疆各界人士俱往吊唁。赵丹犯疑了，茅盾的母亲不是早已病故，怎么又来噩耗？他忍不住去问茅盾。茅盾告知，这是脱身之计，电报是张仲实打来的。茅盾去向盛世才请假，只说是料理完后事即回，而当茅盾一家刚刚从迪化机场起飞，无孔不入的特务便打探到了内情，盛世才立即电告哈密，密令扣下茅盾，正巧，接电话的人是中共地下党员，他不仅给茅盾一家放行，还让他与张仲实会合，一同去了延安。

就在茅盾一家登上飞机，离开新疆的第二天，厄运便降到了赵丹他们的头上。赵丹在回忆被“投入囹圄”时写道：

8月11日那天夜里突然狂风大作，暴雨从天而降。一辆小汽车开到了我的宿舍前，叫醒我开了门。一个头戴鸭舌帽的来人便用很客气的口吻说：“公安局处长请几位去谈谈心。”我毕竟单纯，信以为真，以为平时说话不谨慎，有什么把柄落到了他们手里，所以来找我们也只是友好地告诫。临别时，我安慰妻子叶露茜，要她放心。还是徐韬想得深点，估计事情比较严重，但也未想到是我们同杜重远的问题连在一起了。就这样，我和徐韬被无辜地送进了监狱。

盛世才在新疆设了许多监狱，仅仅迪化一处就有十二座，最大的一座可以容纳三千多人。我和徐韬被带进的是第四监狱。汽车按了两下汽笛，铁门开了，汽车驶到一个空场上，那个戴鸭舌帽的人先下车，要我们坐着等。约莫过了十分钟，那个戴鸭舌帽的人就转过头来，态度也变了，凶狠地说："你们都下车，跟我来！"两人跟着他进了一个小门，先在一个房间里坐着。即刻就来了三四个面目狰狞的人，向我一招手，命令道："跟我来！"从此便同徐韬分了手。

我被带进一个地方，有一个人拿着笔登记了姓名、籍贯、年龄等，旁边一人就毫不客气地解除我的眼镜、裤带、手表、铜纽扣以及自来水笔、日记簿、现钞等。什么东西都被解除完了，就狠狠地用一个白布袋向我头上一套，说："跟我来！"像牵羊似地，分不清东南西北，也不知会带到什么地方去。仿佛经过了一些小巷、三道小门又停在一个地方，才把我头上的白布袋取了下来，狱卒正在开铁门的锁，"当"的一声，铁门开了，我笑笑说："就是这地方吗？"狱卒狠狠地说："快进去！"

我一进去，只见四条大汉赤着上身，都从坑上站起来，仿佛欢迎新朋友的到来似的。其中一个操着不纯正的国语，问："先生，你是从哪里来的？"

"我是刚从外边来的。"这使他们很高兴，详细地询问着外面的一切。我问及他们的情况，才知道有的已经进来九年了，少的也有六年。我不禁打了个冷战，到这时候，我才意识到自己已经锒铛入狱，是一个真正的犯人了。

从此开始了非人的囚徒生活。

审讯室的墙上，写着"不冤枉一个好人，不放过一个坏人"、"不搞逼供刑讯"等口号，可是，这一切正如盛世才的伪善，全都是假的。赵丹虽然进了这监狱，却对盛世才的真正面目还没有深刻的了解，竟然采取了以诚相待，毫无遮拦地将自己的一切经历都作了交代，句句真话，整整讲了三天。紧接着，后面的审讯让赵丹渐渐地看清了他们的阴谋。审讯者接二连三地问：汉奸、托派茅盾、杜重远是用什么办法把你们骗进来的？他们又用了什么手段把你们拉进了汉奸组织？你们在这个组织里又做了些什么？赵丹感觉到了事态的严重，严词拒绝了他们，几个打手一拥而上，用茶杯口粗的棍子猛打赵丹，打得他皮开肉绽，然后又将他的双臂绑在一根大柱子上，用细麻绳紧勒十指，又用力往下按，直到赵丹疼痛地失去了知觉，不省人事。

刑房里挂满了各种刑具，皮鞭、大杠、老虎凳、电椅等，不下二三十种。还有一次，他们把赵丹绑在一根木棍上，让他直立着，然后用一个削尖了的木棍夹在他的两腿之间，如果稍有弯曲，木棍的尖头就会插进腿里去。一开始，赵丹还能站得住，时间久了，禁不住想弯曲一下，那尖头立即刺进肉里，他便疼痛得大叫起来，这时，旁边一个大汉用皮鞭沾水用力地抽打他，一直到他昏死过去。

非人的牢狱生活，非人的酷刑，折磨着赵丹，他愤怒极了，经常摇撼牢门，高喊：“冤枉！我要上告督办！”

后来，赵丹由第四监狱被解往“督办公署”的监狱，这是一个老监狱。有一天放风，他忽然听见隔壁有人在唱《天涯歌女》，他一听就知道，那是徐韬的声音，他高兴了，便对着牢房的墙壁夹缝喊起来：“我受不了啦！我要跟他们拼了！”这时，徐韬又唱起京戏《四郎探母》中的一段，赵丹一听，便知道是在劝他不要闹。赵丹也用京戏的唱腔回答他：“为什么这样害人？我们又不是汉奸！”

赵丹、徐韬锒铛入狱，同来的王为一、朱今明、易烈三人心如火焚，便四处奔走呼号，可是新疆举目无亲，无处求援。无奈，他们联名写信给盛世才，说明他们来新疆只是为了开拓戏剧事业，献身艺术，并无非法行为，如赵丹二人有罪，我们也有罪，既然我们无罪，赵丹二人当然也无罪，恳求释放赵丹二人。谁知，信是送上去了，却迟迟不见回音。

1941年3月的一个黄昏，朱今明、王为一、易烈他们正在紧张地排练于伶的《夜光杯》，一辆漂亮的轿车把他们接走了，这辆轿车直接把他们送进了监狱。

不久，赵丹又被转到了第四监狱。他一度绝食，以示不屈的抗议，狱卒们从他的肛门里打牛奶进去，让他生不如死地遭受折磨。难友们劝他不要轻生，忘记过去的一切，没有了以往的幸福感，就不会觉得现在的痛苦。但是，赵丹做不到，只要能够安静下来，他满脑子都是过去演戏的经历，拍过的每一部电影，演过的每一部戏，扮演的每一个角色，说过的每一句台词，都能非常清晰地出现在他的脑海里，在他无尽的回忆里一次又一次地再表演，再创造。有时候，他也不会忘记自己的老本行，写字绘画。没有纸和笔，他就把刷牙用的牙粉撒在桌子上，用手沾着粉又画又写；有时候，他也不忘记自己是个演员，经常给同号子里的难友们唱唱歌。

不幸的命运，残酷的炼狱，磨砺了赵丹的意志，他说：

我在新疆狱中的一段经历，使我认识到一个人的革命意志，是要在残酷的斗争生活中才能得到真正的磨炼，人的思想境界也才能有所提高。而这些，绝不是什么间接的体验或书本上能够获得的。如，当我经过了种种的非人的肉体上或精神上的折磨以后，才逐渐地认识清楚，原来盛世才是假左派真右派，是假革命真反革命，原来是个封建法西斯杀人魔王！

当时我们由重庆到新疆，本是盛世才亲自聘请我们为他的所谓“反帝、亲苏、联共、平等、和平、建设”的“六大政策”去“建设新新疆”的。我们抱着为之建立剧院、电影厂，并可以送我们到苏联艺术剧场去学习的目的去的。

但当我看清楚了盛世才的真面目以后，心里反倒踏实下来了。再也不苦苦思虑个人何时能出狱的问题了，而把个人的安危与前途，寄托在了整个中华民族的抗战必胜的信心上，寄托在重庆延安的朋友们的援助上（当然也包括新疆老百姓对我们的支持）。同时，我也看清了盛世才还不敢没有交代就杀害我们几个人。所以，要紧的是保重身体，要乐观，而乐观精神是来自如前所说的信心和信仰。于是我主动了。

我的性格在此得到了磨砺。每逢最困难的时候，我便什么也不想，只想心爱的艺术。于是心境就渐渐平复下来，生活反倒有了精神，靠着这一点，我度过了四年零三个月的第一次牢狱生活。

盛世才独裁专制，唯我独尊，以“新疆王”自居，后与苏联决裂，斯大林给国民政府施压，要求撤换盛世才；中共在新疆的领导人毛泽民和陈潭秋等共产党员又遭盛世才秘密杀害，盛世才反苏反共的立场昭然若揭。1944年8月11日，盛世才又制造了逮捕国民党新疆省党部书记长黄如今和建设厅厅长林继庸等人的“黄林案”。此时的盛世才已经是众叛亲离，怨声载道。国民政府决定把盛世才调离新疆，另任农林部部长，由朱绍良代新疆省主席。1944年9月11日，盛世才离开新疆，从此结束了他在新疆长达11年零5个月的独裁统治。

盛世才在离开新疆之前，本想洗劫监狱，放火烧监的，后被人发觉，牢中的三千多人才幸免于难。当时正处国共合作时期，盛世才走后，国民政府释放了所有政治犯，让中共的人回延安，重庆来的回重庆。

1945年2月，赵丹、徐韬、王为一、朱今明四人走出了新疆监狱，而同去的音乐家易烈却将年轻的生命丢在了新疆的牢狱之中。

出魔窟 又遭妻离子散

1945年2月的重庆，家家户户正忙着过年。赵丹、徐韬、王为一、朱今明四人走出盛世才的监狱，离开了戈壁滩，离开了新疆，回到重庆，却无处安身。他们寻找到了当年剧人们居住的张家园65号，见到了宋之的和他夫人王苹。赵丹他们的出现，让宋之的夫妇大为震惊。原来，两年前，重庆的剧人们听说赵丹他们在新疆的狱中被盛世才迫害，已经被处死了，金山还写了一篇《悼念好友赵丹》的文章发表在报刊上，顾而已、钱千里等好友也都写了悼念文章和诗歌，还为赵丹他们举行了追悼会。现在，赵丹等四人从天而降，是人还是鬼？宋之的真的是吓呆了。接着，魏鹤龄来了，金山来了，剧人朋友们都来了。

赵丹在狱中甚是想念爱妻叶露茜和幼子苗苗，现在朋友们都来了，他迫不及待地向朋友们打听她们母子的下落，但是，他们个个躲躲闪闪，不肯正面回答，只是劝慰他们好好休息，养好身体。

第二天，周恩来、邓颖超和郭沫若请他们四人去曾家岩50号的周公馆，为他们设下了便宴，向他们表示慰问。

赵丹念妻儿心切，一再打听叶露茜母子的下落，朋友们只得告知，叶露茜已经改嫁桂苍凌，即作家杜宣，去了云南昆明。赵丹不信，露茜永远忠实于爱情，她千方百计地四方呼吁要营救我，她一定在等着我！但是，严酷的现实一再证明了朋友们的消息，叶露茜确实改嫁去了昆明。赵丹坐不住了，他便千里迢迢地只身追到昆明，他不怪露茜，弱女幼子，得知自己已经不在人世而改嫁了他人，以求生活的安全和安宁，他很理解。但是，现在自己回来了，应该破镜重圆啊！他要找回他的妻儿，他要和露茜恢复夫妻关系。这时的赵丹极度痛苦、愤懑、屈辱、眷恋，正如自己在《上海屋檐下》中饰演的那个匡复，刑狱数年归来，妻子改嫁，而且还是嫁给了自己的朋友。舞台上的戏剧，在生活中活生生地演绎着，而这个主角竟然是自己，赵丹几近崩溃。到了昆明，赵丹找到了叶露茜，桂苍凌因公去外地了，他们借昆明一个朋友家的一间屋子，赵丹与叶露茜相见了。劫后重逢，他们反而相对无言了。还是叶露茜先镇定下来，她抑制住劫后的创痛，缓缓诉说着他们别离后的情景：

赵丹他们入狱后，叶露茜她们几个女眷，作为“叛逆”的家属，全被剥夺了演戏的权利，叶露茜一面坚持在新疆小学、迪化女子中学当教员，帮助学生排戏，一面艰辛地扶养儿子苗苗。每月20元的收入，除了母子俩的生活开销外，她还要买一些生活日用品和书籍给狱中的赵丹。她也曾通过各种渠道设法营救赵丹，向当局请愿，但总是毫无结果，甚至没有一点回音。

1941年，盛世才与苏联决裂，赶走了驻新疆的苏联专家和担任防卫的苏联红军，改换门庭，投靠了蒋介石。蒋介石派了两个师进驻新疆，还有大批国民党官员进新疆担任要职，其中，国民党中央通讯社西北分社主任陈万里，曾是田汉“南国社”的学生，是赵丹他们的熟人。叶露茜闻讯，找到了陈万里，并陈述了赵丹他们的情况，希望陈万里能够帮忙营救赵丹他们。陈万里非常同情他们这批重庆来的大明星，当即去找盛世才，并以生命担保。陈万里的职位举足轻重，又是媒体负责人，盛世才害怕舆论的压力，也不敢得罪这位国民党要员，有点动摇了。这时候，叶露茜又听说宋美龄来新疆了，她伺机拦下了宋美龄的车，为赵丹他们大呼冤枉，告了盛世才的状。盛世才为了应付宋美龄给予的压力，让夫人出面会见叶露茜，告诉她，决定放叶露茜她们几个女眷先离开新疆，回重庆去。叶露茜要见赵丹，答复是，他们四个都死了。叶露茜提出“死要见尸”，但是被盛世才拒绝了，并限令第二天离开新疆。

1943年春，叶露茜和徐韬的爱人程婉芬、朱今明的爱人陈瑛、王为一的爱人俞佩珊，还有后来进新疆，也遭盛世才逮捕的史枚的爱人魏羽一起，搭上了从新疆去兰州的运羊毛的卡车，越过了茫茫的戈壁滩，越过了星星峡，进入了兰州的境地。在兰州，叶露茜和女伴们巧遇了沙蒙的朋友陈宪武。沙蒙曾在《十字街头》饰演失业大学生，是赵丹的好朋友，而陈宪武也十分崇拜大明星赵丹。可是，陈宪武告诉她们，所有交通部门都接到了上峰的命令，不许卖一张票给她们，要把她们扣压在兰州。恰巧，陈万里也来到兰州，还带来了惊人的消息：赵丹他们四人连同史枚，都被枪毙了。顿时，女眷们失声痛哭，母亲和孩子抱在一起，哭成了一团。不久，女眷们的日子过不下去了，丈夫被害了，旅费用完了，她们几乎卖完了身上所有值钱的东西。没办法了，陈瑛带着幼女，嫁给了一个空军军官；魏羽带着女儿，投奔了一个铁路售票员。

叶露茜没有嫁人。但是，母子俩怎么生活？经陈宪武介绍，她和俞佩珊进了第八战区演剧队，两人分别任导演和主演，排演了《重庆二十四小时》和《北京人》，一下子轰动了兰州城。可是，当时的兰州驻着大批国民党军官，大大小小的特务更是布满大街小巷，年轻漂亮的女明星在这里极不安全，不是遭受国民党军官的“纠缠”，就是遭到特务们无端的“盯梢”。一天夜里，剧场里还在演出《重庆二十四小时》，导演叶露茜便在陈宪武的帮助下，登上了一架空军的运输机，腾空而起，直飞重庆山城。

回到重庆，叶露茜在《新蜀报》《大公晚报》和《新民晚报》上看到了金山、郑君里、魏鹤龄、顾而已、钱千里等挚友悼念赵丹的诗文，他们还为赵丹举行了追悼会。叶露茜无话可说，只得在儿子苗苗的身上寄托自己全部的爱和生的希望。于伶、宋之的创办的中国艺术剧社的同仁们很同情叶露茜，都很关心她，劝她早日从痛苦中挣脱出来，去寻找新的生活归宿。剧社里有一位年轻的单身汉，名叫桂苍凌，他十分同情叶露茜，经常照顾她们母子俩的生活，叶露茜渐渐对他产生了好感。桂苍凌，后改名杜宣，江西九江人， 1932年加入中国共产党，1933年加入“左翼剧联”，1937年毕业于日本大学法律系，1938年参加新四军。历任战地服务团秘书、《戏剧春秋》编委，在桂林创办“新中国剧社”，是《文学报》创始人之一。创作话剧剧本《无名英雄》《难忘的岁月》《彼岸》《欧洲纪事》及电影《长虹号起义》等，是我国著名的剧作家、散文家、诗人、文学活动家。当时的桂苍凌，已经是一位有着丰富阅历的共产党员，还是一位剧作家，叶露茜面对这位持重老练、善解人意的大哥一般的男人，有了爱慕之情，桂苍凌也对她产生了爱意。不久，在于伶、金山的说合下，他俩结了婚。婚后，叶露茜母子随桂苍凌去了云南昆明。

人生真的如戏，还是戏如人生？此时，赵丹和叶露茜正在经历着火烤一般的人生。赵丹要她跟自己回去，既然是因为丈夫死了才改嫁的，那么现在丈夫回来了，就应该“人归原主”了，但是，赵丹发现，叶露茜已经怀孕了。五内俱焚、欲哭无泪的叶露茜表示，我已经和桂苍凌组成了家庭，而且也已经有了孩子。我已经破坏了一个家庭，不能再破坏第二个家庭了。赵丹坚信，叶露茜不仅是美丽的，也是善良的，她的话触动了赵丹。是的，不能再破坏第二个家庭了。赵丹在《上海屋檐下》中饰演的匡复尚能忍着内心的无比痛苦与屈辱，为了妻子今后的幸福，抱着孩子离开了改嫁的妻子，自己现在也遭遇了同样的命运，为什么就不能为叶露茜想一想，为这个新建的家庭想一想呢？当时，桂苍凌在《评论报》任总编，叶露茜在中学任教，两人的工作都很繁忙，苗苗被送进了一家"慈幼院"，其实，那是一家战乱中的难童收容所。赵丹找到了5岁的儿子苗苗，毅然离开了叶露茜，离开了昆明，回到重庆。

当年夏衍创作的剧本《上海屋檐下》，又名《重逢》，赵丹不仅在舞台上主演了《重逢》，而且在严酷的实际生活中重演了《重逢》。

新疆之行对于赵丹的身心是一个极大的摧残，妻离子散的命运又给了他惨重的打击，赵丹一度意志消沉，一蹶不振。为了能够使赵丹他们四人尽早地从痛苦中解脱出来，重庆的剧人们十分关心照顾他们，给了他们春风般的温暖。宋之的热诚地安排赵丹主演茅盾写的话剧《清明前后》，赵丹欣然应允。茅盾在《清明前后》的后记中写道：

然而，值得告诉大家，而且其中值得庆祝的，便是《清明前后》有幸得到赵丹、徐韬、王为一、朱今明四位先生从魔手中逃命出来再献身剧坛的第一次劳作。想想他们在新疆所遭遇的冤狱，又是悲愤交加。但是，上帝的还给上帝，魔鬼的仍归魔鬼，今天我们在破涕为笑之余，欢迎我们剧坛的光辉卓越的战士，那么，我这不成材的习作便算是欢迎他们四位的"秀才人情"，并以纪念我们同在乌鲁木齐那段时间吧。朋友们，敬祝你们健康、成功，让那些卑劣的小人永远受人唾弃。魔鬼的永远归还魔鬼罢！

重返重庆舞台的赵丹，为了试试自己"五年铁窗"之后的功力，全力投入了《清明前后》的排练，合作者是当时"影剧四大名旦"（白杨、舒绣文、张瑞芳、秦怡）中最为年轻漂亮的秦怡，赵丹称呼她"秦妹妹"。秦怡，上海市人，著名表

《清明前后》剧照

演艺术家。1938年赴武汉参加抗日宣传活动，同年到重庆，进中国电影制片厂任实习演员，拍摄电影《好丈夫》；后相继参加中国万岁剧团、中华剧艺社，在重庆、成都等地演出《大地回春》《钦差大臣》《茶花女》《天国春秋》《桃花扇》等20多部话剧，从此被列为“影剧四大名旦”之一。此次受宋之的邀请，秦怡将与赵丹共同主演话剧《清明前后》。赵丹身陷囹圄的五年，虽然靠着脑海“回放”，时常复习表演，夜夜梦想那舞台和水银灯，没有一天忘记心中的艺术，但那毕竟是“心中的演出”。这五年里，重庆“大后方”的舞台艺术突飞猛进，出现了空前的话剧黄金时代，赵丹在《清明前后》中的表演显然有些跟不上时代，他感觉十分懊恼。尽管茅盾、宋之的、徐韬、王为一他们肯定了他的表演，但是他对自己的表演还是很不满意，也许他仍然沉湎在“新疆之行、妻离子散”的噩梦之中。

1945年8月，抗战胜利。10月，赵丹回到上海，与父母和弟弟赵冲团聚，见到了自己的女儿小露丹，结束了自抗战以来颠沛流离的生活。

甜姐儿 姻缘幸福狂想

赵丹回到上海，何以为家？上海本无他的家，参加抗敌演剧队离开上海之前，他住在叶露茜家。这些年，他们漂泊在外，听说父亲赵子超在南通老家生活难以为继，来上海投奔儿子赵丹，却因赵丹夫妇双双出走，奔赴大后方宣传抗日救亡去了，赵子超只得在叶家暂时栖身。叶家因赵丹夫妇的离家，失去了经济来源，生活十分拮据。好在精明强干的赵子超凭着从老家南通带来的一笔生活费作为本钱，开起了一家联运公司，因为经营有方，生意甚是兴隆，两家人居然也过着衣食无忧的生活。随着抗战形势的日益残酷，两家人为了漂泊在外的赵丹和叶露茜，天天过着提心吊胆的日子。忽然有一天，叶露茜从重庆来信说，赵丹在新疆蒙难，被军阀杀害了，两家人顿时陷入了极度的痛苦之中。赵丹年过半百的父母经受着晴天霹雳般的打击，突然感觉没有了生命的光泽，父亲变得更加沉默了，母亲一病不起。

在叶露茜的家中，赵丹见到了年迈的父亲和病中的母亲，还有比自己小六岁的弟弟赵冲。当父亲唤来了儿子的亲生骨肉小露丹时，赵丹兴奋了，八年不见，小露丹已经是一个大孩子了，而且还上学了，爷爷给她取学名：赵青鸾。后来，小露丹自觉“鸾”字笔画太多，干脆就叫“赵青”了。赵丹一听，连连叫好：好名字，好名字。

旧上海是冒险家的乐园，是一个花花绿绿的世界。赵丹也许是出于对生活的报复，也许是出于痛苦的发泄，他曾一度消沉于灯红酒绿之中，放浪形骸，经常出入于静安寺的“百乐门”、大世界的“大华舞厅”，用以填补他空虚寂寞的心灵。当然，凭着赵丹明星的身份，帅哥的形象，潇洒的舞姿，也吸引了不少妙龄美女，她们扭动着身子，在昏暗闪烁的灯光下，围着赵丹转着，摇着。但是，赵丹却是无心这些灯红酒绿中的倩女靓妹的，他太厌烦了，他太疲倦了。

朋友们为赵丹的浑浑噩噩而担忧，家人为赵丹的放浪形骸而痛惜。一次，在百乐门舞厅，田汉劝告他要立即结束这种颓废荒唐的生活，要以艺术事业为重，以当年“左联”成员的高标准要求自己，把心中的艺术献给人民。田汉语重心长，从下午一直谈到深夜十一点半。

陈鲤庭来找赵丹了，告诉他，国民党当局的电影制片厂缺少人手，正在到处拉人，我党地下组织有意识地动员一些进步的电影工作者，打进这些电影制片厂，拍摄进步影片，还要千方百计阻止他们拍摄反动影片，陈鲤庭就是在这种情况下进了“中电”的。赵丹一听，两眼放光，立即同意跟陈鲤庭一道，打进这些电影制片厂。谁知，陈鲤庭早有准备，拿出一个电影剧本《遥远的爱》。他告诉赵丹，这是他进“中电”创作的第一个剧本，决定自己担任导演，朱今明、吴蔚云摄影，赵丹和秦怡主演。他要赵丹今晚就与秦怡谈剧本，不要再去跳舞了。

又有戏演了，赵丹精神大振，自然就结束了那个短暂而又痛苦的颓废生活，重新恢复了艺术青春和对事业的信心，回到了党领导的电影战线上来了。

经过半年的努力，陈鲤庭编导的第一部故事片《遥远的爱》终于问世了。这部电影结构严谨，剪辑流畅，人物性格鲜明各异，栩栩如生，受到观众的赞誉。这是进步电影工作者利用反动当局控制的电影基地拍摄出来的第一部进步影片。

继《遥远的爱》之后，赵丹在“中电”二厂导演了一部揭露反动派利用抗战的胜利，掠夺了胜利果实的影片《衣锦荣归》。这时候，陈鲤庭又来了，他告诉赵丹，陈白尘写了一个电影剧本《幸福狂想曲》，写的是三个狂想能在上海滩发财、获得幸福的小人物，结果被流氓夺走了黄金，又被踢出了上海滩的故事。很深刻，很有戏，他想请赵丹主演，与顾而已演表兄弟，只是女主角还没有人选。赵丹说，上海女演员很多，不难找的。陈鲤庭说，这个女主角命运坎坷，性格也复杂，不好演，还需要认真找一找。于是，他们俩如大海捞针一般，在上海到处寻觅《幸福狂想曲》的女主演。一日，他俩到朋友李伯龙家里串门儿，李伯龙是国华剧团的老板之一。赵丹无意间在写字台玻璃板下面发现了一张少女的照

影片《幸福狂想曲》剧照

片，她穿着马靴，身材苗条，服饰很讲究，既得体又漂亮，特别是她的那一双秀丽的眼睛，深邃而安静，闪耀着少女的聪颖与非凡的矜持。他禁不住唤来陈鲤庭，让他也看一看。陈鲤庭一看，几乎喊了出来，这就是我们要找的女主演。他俩立即向李伯龙打听，这少女是谁？李伯龙告诉他俩，这是大上海有名的“甜姐儿”，她的名字叫黄宗英。1943年，她才十七八岁，在上海主演话剧《甜姐儿》，连演100多场，观众着了魔似的喜欢她。赵丹感叹，上海滩这么大名声的“甜姐儿”，我怎么会不知道！李伯龙说，你那时候正在新疆蹲监狱呢！经李伯龙介绍，他俩知道这个黄宗英刚刚参加拍摄了沈浮在北平为“中电”三厂编导的影片《追》，他俩立即调来了片子，看后认为，这是一部令人感动的进步影片，黄宗英在片中饰演了纯情善良的表妹叶文秀，演得形神兼备，颇有分寸，性格鲜明可人。于是，陈鲤庭与赵丹当机立断，立即致电北京，邀请黄宗英来上海出演《幸福狂想曲》，的女主角。黄宗英，浙江瑞安人，生于北京，著名电影表演艺术家、作家。1941年，经长兄黄宗江介绍，赴上海进黄佐临主持的上海职业剧团，由话剧《蜕变》走上舞台，后又参演了话剧《鸳鸯剑》，在曹禺的《北京人》中饰愫方。1942年与音乐指挥郭元彤结婚，婚后18天，郭便病逝。黄宗英回到北京，半年后，应南北剧社社长程述尧的邀请加入剧社，从此往返于北京、上海，后因主演喜剧《甜姐儿》知名，1946年与程述尧结婚。1947年夏，出演影片《幸福狂想曲》，与赵丹相识。

赵丹和陈鲤庭请来了北京的“甜姐儿”。黄宗英这次参加《幸福狂想曲》的拍摄，是她继沈浮导演的《追》之后第二次拍电影。当她听说要与赵丹这样的大明星合作拍电影，着实是激动了一番，但没有想到，到了上海，见到赵丹，她却怎么也兴奋不起来，眼前的赵丹居然是这么一个邋遢的男人，不修边幅到了不可容忍的地步，他居然穿着两只不同颜色的袜子出现在大庭广众面前。而当黄宗英听说这位大明星孤身一人，还带着两个孩子，她不由产生了几分同情。赵丹却是恰恰相反，眼前的黄宗英真正是一个“甜姐儿”，因为事先见过黄宗英的照片，当她此时出现在赵丹面前的时候，高挑的个子，匀称的身材，端庄美丽的瓜子脸，既大又美的眼睛不时地闪烁着青春的光彩，他总有一种似曾相识的感觉。黄宗英本是大家闺秀，祖父曾为清朝的谏议大夫、翰林院编修，父亲黄曾铭16岁留学日本，回国后任北平西城电话局总工程师兼教授，后调青岛电话局，全家随迁。不料，黄宗英9岁那年，父亲突然病重，撒手人世，黄家从此家道中落，母亲带着七个孩子，靠着父亲生前的积蓄与变卖家产抚育儿女。黄宗英排行老五，上有两个姐姐，两个哥哥，下有两个弟弟。15岁那年，黄宗英为母亲分担家庭生活压力，南下加入了上海职业剧团，从此开始了她的演剧生涯。黄宗英从小受父亲、哥哥的影响，喜爱读书，酷爱文学，还常常写些小诗，发表在哥哥与萧军创办的文艺周刊《黄金时代》上。这一次来上海拍摄影片《幸福狂想曲》，能与大导演陈鲤庭、大明星赵丹合作，黄宗英感觉这是一件有意义的事情。

《幸福狂想曲》很快开拍了。没有几天，黄宗英突发阑尾炎住院了，影片拍摄被迫中断，这让陈鲤庭非常着急。刚刚拍摄完毕的《遥远的爱》虽然说票房不错，但正是因为拍摄周期太长，增加了成本，使得影片盈利不多。这一次本想在两个月内完成的，可是，女主角病倒了，《幸福狂想曲》又要“难产”了。导演正着急，赵丹却是信心十足，几乎每天都要去医院关照一下黄宗英，闲暇之时，赵丹还陪她聊聊古诗，谈谈文学，这让她很是感动。不久，黄宗英出院了，电影继续拍摄。有了赵丹与黄宗英的密切配合，又有赵丹的老乡顾而已的全力加盟，陈鲤庭重新燃起了创作的火焰，把《幸福狂想曲》这样一部悲喜剧拍摄得十分幽默、含蓄、深沉而

赵丹与黄宗英

又滑稽，观众观影时常含泪而笑，笑中带泪，观后亦能发人深省。

1947年10月，《幸福狂想曲》拍摄完成，随着各大影院的陆续公映，一时好评如潮，各报评论也纷纷称道。《南侨日报》刊文："《幸福狂想曲》是一部现实的喜剧，自始至终，使你发笑，但每一次笑，都是同情的笑，绝不是一般无聊的滑稽片，叫人一笑了之。而在同情的笑声背后，对于都市潜在的恶势力，加以憎恨。"《幸福狂想曲》的成功得力于剧作家陈白尘和大导演陈鲤庭的高超的艺术水平，当然也得力于主演赵丹、黄宗英成功的表演。他们合作成功的因素有很多，但其中一个因素很重要，那就是赵丹与黄宗英情趣相投，配合默契，他们在整个拍摄过程中，不仅有艺术上的志同道合，更有生活中的交流与沟通，逐渐产生了互相帮助、互相爱护的亲密无间。就在影片拍摄完毕，黄宗英就要离沪返京时，赵丹忽然脱口而出："我们不能分开了。你应该是我的妻子。”黄宗英也被赵丹这位大明星的才气与演技所深深吸引，而他的为人、他的性格又是那样的正直、善良，透明得像一颗水晶，简直就是一个大男孩，让黄宗英感觉到眼前的赵丹正是自己心目中的理想恋人，他的艺术情趣、艺术修养与侃侃而谈的潇洒与浪漫，更是文学爱好者黄宗英的所爱。她忽然感觉到自己的丈夫程述尧不是一个文化人，既无文学天赋，也无艺术情趣，他们太缺乏共同语言。

赵丹后来回忆他与黄宗英初次合作，拍摄影片《幸福狂想曲》，他这样说：

后来我认识了黄宗英，那时候我们同在昆仑影片公司拍摄影片《幸福狂想曲》。黄宗英是个感情丰富而热烈好强的新女性，心地善良，能吃苦耐劳。我的惨遇使她同情，我的经历令她钦佩。

一部《幸福狂想曲》拍完，我们已经心心相印。她的火热的爱情，使我的两眼生光焕发神采。尤其是黄宗英对我子女赵青和赵茅的钟爱使我深为感动。这种钟爱一直保持到他们长大成人。她是优秀的演员，后来又成了一位著名的女作家。

黄宗英酷爱文学，又从事话剧与电影表演，是一个非常典型的时代新女性，她不相信“嫁鸡随鸡，嫁狗随狗”的封建礼教。她要与程述尧离婚，她要给赵丹一个幸福温暖的家。赵丹是人民喜爱的艺术家，却承受了凶险的黑暗势力烙在心头的无比伤痛，还要拉扯两个失去母爱的孩子，真是太不公平了。而程述尧在中央银行做科长，是一个只图安安稳稳过日子的人，与黄宗英没有什么共同语言，他这样的人，应该有一位贤妻良母，而不是艺术家黄宗英。

黄宗英决意接受赵丹的两个孩子，给他一个幸福而温暖的家。她不顾母亲和一些亲戚朋友的反对，在金山等人的调解下，她与程述尧离婚。金山又做了她与赵丹的月下老人，于1948年元旦，赵丹与黄宗英在郑君里家举行了婚礼。

当年的“甜姐儿”，年方20出头，与赵丹结合后，30余年的事业与生活如人生的激流涌涛，锻铸了她的坚强意志和事业的高峰。她的确是给了赵丹一个幸福而温暖的家，但她自己却成了3个家庭、7个孩子的母亲：赵丹与叶露茜的孩子赵青与赵茅；自己与赵丹的孩子赵左、赵桔和赵劲；赵丹的义子、周璇留下的周民与周伟。然而，7个孩子的母亲的生活重担，并没有压垮艺术家黄宗英，此后，她不仅拍摄了《丽人行》《乌鸦与麻雀》《聂耳》《一盘没有下完的棋》等多部影片，还著有报告文学如《特别姑娘》《天空没有云》《没有一片树叶》，散文《星》《桔》《半山半水半书窗》，电影剧本《平凡的事业》，成为中国著名的电影表演艺术家和报告文学作家。

当然，赵丹与黄宗英的美满结合，应该是缘起于由陈白尘编剧、陈鲤庭导演的影片《幸福狂想曲》。

迎解放 坚守上海影坛

1946年，国共内战一触即发，根据党中央的指示，周恩来就要离开上海了。临行前，周恩来在思南路的住所举行了一次宴会，向继续留在上海的部分文化人告别。宴会上，周恩来客观分析了内战的形势，并估计内战不会像八年抗战那么长久，会很快解决。这使在场的文化人很受鼓舞，大家纷纷表示要留在上海继续斗争，迎接革命胜利的那一天。

在上海的一家舞厅里，陈波儿代表党组织约见赵丹和郑君里，希望他俩先到香港，然后等待机会北上进入解放区，并就此征求他俩的意见。赵丹表示他刚刚回到上海，与家人团圆不久，再说，在新疆五年囹圄，身心俱伤，需要休息；更主要的是，根据周恩来的指示，上海电影界的地下工作者阳翰笙、徐韬等已经做通了开明资本家的工作，决定在上海投资昆仑影业公司，拍摄一些进步电影，很需要赵丹留下来。赵丹向陈波儿直截了当地说明了这些原因，决定留在上海。后来他加入了昆仑影业公司。

昆仑影业公司是夏云瑚、任宗德合资经营的。夏云瑚曾经在重庆支持过赵丹他们的抗敌演剧活动，是一个比较开明的民族资本家。但是，自昆仑影业公司在战后创建以来，因为没有什么像样的演员，也就没有拍出什么像样的影片，经营情况十分窘迫。为了扭转这个颓势，夏云瑚看到了阳翰笙、孟君谋等组建的联华影艺社实力雄厚，便向他们提出了合并的意愿。联华有人没钱，昆仑有钱没人。一说合并，双方便一拍即合。合并后仍为昆仑影业公司，由夏云瑚任总经理兼厂长，孟君谋任副厂长兼厂务主任，还建立了编导委员会，由阳翰笙、蔡楚生、史东山、陈白尘、沈浮、陈鲤庭、郑君里等委员组成，由阳翰笙、陈白尘任编导委员会主任。昆仑影业公司看起来是民族资本家投资经营的，实际上已经接受了党的领导。原联华影艺社的摄影师韩仲良、朱今明，美工师韩尚义、李恩杰，名演员白杨、舒绣文、陶金、吴茵、魏鹤龄、蓝马、上官云珠、王人美、蒋天流、沙莉和徐韬、王为一等同时进入了昆仑影业公司。根据阳翰笙等人的安排，赵丹与黄宗英也退出了国民党控制的“中电”，加入了昆仑影业公司。而原先的联华影艺社已经拍摄了《八千里路云和月》，轰动了大上海，目前又在筹拍《一江春水向东流》，因此，合并后的昆仑影业公司不仅资金雄厚，而且人才济济。

赵丹进入昆仑影业公司接拍的第一部影片是《关不住的春光》，这是欧阳予倩在抗战胜利后创作的第一部电影剧本，欧阳予倩是赵丹年少时戏剧表演艺术的启蒙者，已经合作了十多年。导演王为一、徐韬二位是赵丹的老友。女主演则是蜚声影坛的女明星王人美。可是，没等赵丹拍完《关不住的春光》，他又接到了新的任务，与黄宗英一起参加拍摄影片《丽人行》。

《丽人行》是田汉与陈鲤庭根据同名话剧改编的，摄制组的人员基本上都是赵丹的老朋友、老乡、老搭档。陈鲤庭任导演，主要演员有赵丹、黄宗英、张翼，还有蓝马、上官云珠、沙莉等。《丽人行》通过李新群、金妹、梁若英3个女性在抗战时期的不同遭遇，分别走上了不同的道路，真实而又生动地写出了在日寇的铁蹄下，中国女性的悲惨命运和不屈的斗争。赵丹在片中饰演梁若英的前夫、革命者章玉良。剧中的章玉良去前方参加抗战，妻子迫于生活改嫁了，当章玉良回家来领孩子，却遭日寇逮捕，受尽酷刑。出狱后，章玉良只身带着孩子，继续参加了抗日的队伍……赵丹对饰演这个角色很有信心，似曾相识的生活遭遇让他感觉到自己就是章玉良，凭直觉就能演好这个革命者。当年拍摄《丽人行》，章玉良被关进监狱的一场戏，是借了上海虹口一座真实的监狱拍摄的，赵丹作为剧中人被关进了这所监狱。真是戏如人生。20年以后，“文革”肆虐，赵丹竟然被当作生活中真正的“囚徒”，关进了这座虹口监狱，整整5年。这就是赵丹，他被人们永远铭记的不仅仅是艺术，还有他充满戏剧性的悲惨命运。赵丹，这位影剧大师的戏剧与人生竟然是这般错位，这般残酷，历史对大师无情的戏弄，真是让人哭笑不得。但是，无论如何，赵丹饰演的章玉良非常成功，为我们留下了一个作为中国脊梁的知识分子的银幕形象。或许是因为章玉良与自己有着共同的命运遭遇，赵丹演起来十分得心应手，或许他自己的血脉里就具备了这种英雄的气概和民族的精神。当然，赵丹首先是演员，是表演艺术大师，他所饰演的角色并不都是与自己相似或相近的。《遥远的爱》中反面的知识分子形象肖元熙，《关不住的春光》中的流氓买办吴警之，赵丹同样演得栩栩如生，独具匠心。

《丽人行》拍摄完毕，赵丹又接到了参加拍摄影片《乌鸦与麻雀》的任务。1949年4月，为了迎接解放，上海地下党组织决定拍摄一部影片，揭露国民党蒋家王朝全面崩溃的必然性，这就是影片《乌鸦与麻雀》。这个剧本是集体创作的，由陈白尘执笔，赵丹也参与了剧本的创作，他回忆说：

这个戏的历史背景是蒋帮王朝总崩溃的前夕，当时抓人、抢黄金等现象到处都是。

我个人的生活情况是全家住一间房，后来搬到徐家汇的贫民区。我的邻居中的一个保甲长，常常喜欢研究些东西，也常常到我家来（也许有什么政治任务来调查我）。这个人是上知天文，下知地理，什么都懂，可又什么都不懂，会说一二句“洋泾浜”英语，有时还夹上一二个法语的单词，在政治上是什么观点的话都说。早上常在倒马桶的小巷里打太极拳。到傍晚，躺在破藤椅上，喝它二两，嘴上还哼它几句绍兴戏。

另外我也常接触一些摊贩。有次我刚回家，两个摊贩（夫妻两人）追来，说：“赵先生你昨天买了我们一件衣服，钱少收了，你买的时候已经涨价了……”说着两人直捣鬼，我看出来了，那男的怕老婆，是那个女的出的主意，目的是要我多出些钱。

我生活周围的人物就是这种类型的。当时国民党控制的中国电影制片厂要拍一部戡乱片（反共的），我们地下党组织在文艺方面的领导人阳翰笙同志，与罗静予、王端麟两位同志商量了一个办法，用拍其他一部“巨片”来搪塞他们，挤掉他们的场地和时间、财力和物力。这部“巨片”就是《武训传》。

阳翰笙同志还设法把我和辛汉文同志从“昆仑影业公司”借到中国电影制片厂，同时又找来了孙瑜、周伯勋、王蓓等一大批人来参加这个任务。并要我“狮子大张口”要了中国电影制片厂很多的钱，办法是拖，其实也不真替他拍成功这部戏。

我把大量的钱存进银行。可是过不多久伪币跌价，几番周折，到最后只能买了个不拍不响的收音机。那时早上本来可以买一担米的钱，到中午就只能买半担煤球了……这些生活情景和人物关系，都被我们用到戏里来了。

《乌鸦与麻雀》这样的剧本拿去给国民党当局审查，非但通不过，而且还要查封赵丹他们的昆仑影业公司。于是，他们对外宣布公司倒闭，然后关起门来在里面偷偷地拍。

赵丹在片中饰演“小广播”。饰演他老婆的是著名演员吴茵，她比赵丹年长6岁，1934年从影，擅长饰演老年妇女，尤其是她参演的影片《八千里路云和月》《一江春水向东流》《万家灯火》《希望在人间》等轰动上海滩，吴茵便成为了家喻户晓的电影明星，她的表演口碑甚佳。

黄宗英原定是饰演华洁之先生的太太，与孙道临演夫妻档，但是，黄宗英想开拓自己的戏路，主动提出要演反面角色——片中小官僚侯义伯的姘妇余小瑛。赵丹很为黄宗英敢于挑战自我的精神而高兴，力荐她演余小瑛，而华太太则交由上官云珠饰演，那个小官僚由李天济饰演，魏鹤龄在片中饰演房主孔有文。

《乌鸦与麻雀》云集了一代影星，导演是郑君里，其制作班子堪称一流。

赵丹饰演的“小广播”肖老板，也是他生活中常见的那种人，生活积累十分丰富，他把自己对人物的设想一一说给陈白尘听，请他再统一再创作。赵丹后来回忆“小广播”肖老

影片《乌鸦与麻雀》剧照

板的人物塑造时，他说：

记得有一场戏，是“小广播”幻想发财，一个人高兴极了。原本导演郑君里想赶在当天下午拍完它的。

但是照一般的演法——既然是一个人独自在想心思，总不外乎是一个人在房里踱来踱去，可是这样处理感到不对头，因为这非但是一般化，而且简直就是在做戏，做舞台戏。因此，戏就没拍成。

晚上我躺在躺椅里苦苦琢磨这场戏。但奇怪的是只要一站起来，再踱上两步，这感觉就跑了。第二天我把这个体验给导演讲了，于是导演就改变了他原先的设计，不让我踱来踱去而改成只躺在躺椅上了（即按照我昨晚上在家里的情景布置了）。导演也顺着我的情景更往前推进一步，想出把椅子腿弄坏，在我最得意的时候，用根黑色的绳子拉一下，让我摔了一跤，而得到自我嘲讽的喜剧效果……总之，这场戏自我感觉舒服极了。拍出来效果也不坏。

即兴表演很多，如其中的骂反动派一场戏，骂完后再用上海话骂，门关了，再开门骂一句！有时还来句宁波话，因为蒋介石讲宁波官话。化妆很简单，服装拣了件美国破衣服。总之，因为生活形象很丰富，从自我出发，捕捉形象，这个戏在创作上是比较自如的。

影片《乌鸦与麻雀》集中了一代影星，他们个个表演精湛，风格独具，人物形象生动鲜明，《中国电影发展史》中肯地评价：“赵丹扮演的肖老板尤其突出，他把肖老板这个人物身上那种小市民的性格和气息，渲染得淋漓尽致，极为生动鲜明。”

上海临近解放，国民党反动派大肆捕杀共产党人和进步人士，组织上得到了确切的消息，国民党反动派要逮捕赵丹，要他立即离开上海，但他没有走，他和黄宗英、徐韬四处躲藏，一直到解放军进入上海，他们终于得见天日。

1950年初，《乌鸦与麻雀》公映，好评如潮。

1956年，中华人民共和国文化部为1949至1955年拍摄的优秀影片评奖，一开始《乌鸦与麻雀》被评为银质奖，第二名。周恩来知道此事以后，专门写信给政治局，批评了文化部，说是这个戏如实地揭露了蒋家王朝，这些同志又是在白区白色恐怖的情况下拍的，为什么不能给一等奖？难道只有延安来的同志才能得一等奖吗？后来有一天，赵丹见到了毛主席和周总理，毛主席说："啊，听说他们不肯给一等奖？他们是有宗派啊！恩来同志打了抱不平啊！"周总理说："是，打了抱不平。"毛主席说："这抱不平打得好，应该打，打得对。"

三年内战时期，上海处于白色恐怖之中，他们坚持拍摄进步电影，是要冒着生命危险的。赵丹不仅拍摄了许多进步的、优秀的影片，还积极参加了反饥饿、反迫害、反内战的革命民主活动，经常到上海交通大学去演讲，到小学教师联合会、银行职工联合会等进步团体去演出，参加了抗议国民党

影片《乌鸦与麻雀》剧照

影片《遥远的爱》剧照

反动派暗杀李公朴、闻一多的活动，在悼念李、闻二烈士的大会上，赵丹朗读了祭文。

从1946年到上海解放的三年里，赵丹为了迎接解放，坚守在党领导的上海影坛，共拍摄了7部内容进步、情调健康、艺术优秀的影片：

《遥远的爱》 中央电影公司第二摄影厂出品。

摄制时间：1946年。首映：1947年1月18日于上海皇后大戏院。

编导：陈鲤庭。摄影师：吴蔚云、朱今明。音乐：陈歌辛。

主演：赵丹、秦怡。

《衣锦荣归》 中央电影公司第二摄影厂出品。

摄制时间：1946—1947年。首映：1947年5月6日于上海皇后、光华大戏院。

编剧：顾而已。导演：赵丹。摄影师：董克毅。

主演：顾而已、谈瑛。

《幸福狂想曲》 中央电影公司第二摄影厂出品。

摄制时间：1947年。首映：1947年11月14日于上海鑫城、皇后大戏院。

编剧：陈白尘。导演：陈鲤庭。摄影师：董克毅。

主演：赵丹、顾而已、黄宗英。

影片《关不住的春光》剧照

《关不住的春光》 昆仑影业公司出品。

摄制时间：1948年。首映：1948年11月27日于上海沪光、美琪、虹光、丽都大戏院。

编剧：欧阳予倩。导演：王为一、徐韬。摄影师：吴蔚云。插曲：王云阶。

主演：王人美、赵丹、凤子。

《丽人行》 昆仑影业公司出品。

摄制时间：1948年。首映：1949年1月28日于上海沪光、虹光、丽都、平安、银都大戏院。

编剧：田汉、陈鲤庭。导演：陈鲤庭。副导演：赵明。技术顾问：吴蔚云。摄影师：韩仲良。音乐：王云阶。

主演：黄宗英、沙莉、上官云珠、赵丹。

《乌鸦与麻雀》 昆仑影业公司出品。

摄制时间：1949年4月至1950年初。

编剧：陈白尘、沈浮、郑君里、赵丹、徐韬集体创作，陈白尘执笔。导演：郑君里。摄影师：雷振华、苗振华。

主演：赵丹、吴茵、魏鹤龄、上官云珠、黄宗英、孙道临。

《武训传》（上下集） 昆仑影业公司出品。

摄制时间：1948年（原为中央电影企业股份有限公司制片二厂拍摄）、1949年2月至1950年12月（转由昆仑影业公司拍摄）。

首映：1951年1月1日于上海、北京、天津等各大城市。

编剧：孙瑜。导演：孙瑜。摄影师：韩仲良。

主演：赵丹、吴茵、王蓓、黄宗英、张翼。

演武训 灾祸从天而降

1948年冬天，国民党当局控制的中央电影企业股份有限公司制片二厂准备拍摄一部“反共戡乱”的影片。上海地下党组织对此作出对策，决定派出阳翰笙负责筹划拍摄一部规模大、耗资大、时间长的影片进行抵制，挤掉场地和时间、占尽财力与物力。当时，孙瑜刚刚从美国考察回来，虽然他在昆仑影业公司工作，却很受“中电”的欢迎。阳翰笙知道，孙瑜的思想一贯进步爱国，倾向共产党，由他担任导演，不会引起“中电”的怀疑。孙瑜早在1944年就读过陶行知负责再版的《武训先生画传》，被武训“义丐办义学”的义举深深打动，情不自禁地花了两年时间，写成了《武训传》的电影分镜头剧本。阳翰笙经与大伙儿商议，鉴于《武训传》宣扬的是教育爱国，没有直接鞭笞国民党当局，老板容易接受，审查容易通过，他们决定以拍摄《武训传》来抵制国民党拍摄“反共戡乱”片的阴谋。为了让老板放心，还特意从昆仑影业公司请来大明星赵丹主演，以示重视。其实，他们只是想拖延时间，并没有打算将这部电影拍成。只要上海一解放，这部电影自然就“夭折”了。

但是，赵丹是演员，只要读到剧本，他就会沉浸到艺术创造的思想海洋里去，他在《我怎样演武训》一文中说：

我想扮演武训的愿望，已经蕴藏了很久很久了。

那是抗日战争胜利的前夕，1945年2月，我刚从新疆监狱里出来到重庆不久，病在医院里的时候，医生不准我看书，但倒也借给了几本画报之类的刊物，让我随便翻翻。一天，偶然就翻着了一部连环图画书《武训先生画传》。

初一接触，它就强烈地吸引了我。记得当时这一本连续而片断的小画册子给予我感动的强度，是难以形容的。差不多每翻一页，我心头的辛酸和郁塞就跟着加重一层。待看到最后一张“武训死后，四乡的老百姓都自动赶来送殡，学生们皆放声痛哭。观者人山人海，于是无不叹息，互相细语：‘谁说武训没有儿子……’”的时候，我已经泣不能抑地放声痛哭了。因了这，那天还给医生添了许多的麻烦。

赵丹塑造的武训

《武训传》的拍摄经过了两个阶段，第一个阶段是“中电”二厂拍摄的，是为了抵制国民党当局企图拍摄“反共戡乱”片而拍摄的，果然，解放军逼近上海，“中电”尾随国民党军向南逃窜了，《武训传》自然就停拍了。第二个阶段，是1949年5月上海解放后，昆仑影业公司在拍完了《乌鸦与麻雀》之后，一时间没有什么好本子可以拍，便把《武训传》的剧本又拿出来让大家讨论。孙瑜曾在第一次全国文代会上看到了一些歌颂革命胜利的新节目，认为再拍《武训传》就必须好好修改剧本。大家讨论认为，这部电影可以反映旧社会人民受教育的艰难，教育人民珍惜解放后接受教育的权利；配合土改运动，揭露地主阶级的残暴，歌颂忘我的为人民服务的精神。于是，《武训传》由"中电"转入昆仑影业公司继续拍摄。孙瑜对剧本进行了修改，仍由赵丹饰演武训，还请来了吴茵、王蓓、黄宗英等演员加盟。他们对剧本进行了多次深入的研究和讨论，还学习了毛主席《在延安文艺座谈会上的讲话》和全国文代会的精神，希望能够运用马克思主义的历史观拍摄《武训传》，以求正视历史。为了拍好《武训传》，他们还去武训的家乡山东堂邑体验生活。

赵丹饰演的青年武训

在堂邑，赵丹结识了不少朋友，有地道的庄稼汉，也有武训的后辈乡人，还有武训师范学校的校长、老师和学生。年老的乡绅说："咱武老先生，是山东的圣人，皇帝赏赐过黄马褂的。"庄稼汉们却说："武先生不是神，是为咱穷人行善的好人。"临别时，他们一个个恳求赵丹一定要把他们心目中的武老先生演活了，演好了。回到昆仑公司，赵丹与孙瑜反复研究武训精神的深刻含义，反复磋商每一个镜头，不断精益求精，努力把武训的形象拍得真实、可信。经过前后近两年的准备与拍摄，1951年新年伊始，《武训传》在全国公映，上海的大影院门口挂出了几层楼高的巨幅广告，北京、天津、山东等大中城市同时公映。《武训传》的公映，在全国引起了强烈的反响，全国文化界、教育界的学者与知名人士纷纷撰文，高度评价电影《武训传》。《光明日报》《工人日报》《新民报》《大公报》《文汇报》《天津日报》《新民晚报》以及《大众电影》《北京文艺》等各报刊介绍、推荐、评论《武训传》的文章铺天盖地，赵丹也在上海的《大众电影》上连载文章《我怎样演"武训"》。虽然，为了演好武训，赵丹已经竭尽全力，甚至掏空了自己，但是，影片一经问世，引起如此大的反响，赵丹的心里还是充满了欣慰与兴奋的。

不料，谁也不会想到，风云瞬息万变，情势急转直下。5月16日，《人民日报》对《武训传》提出了严厉的批判。5月20日，《人民日报》头版以最显要的位置发表了社论《应当重视电影〈武训传〉的讨论》：

……

《武训传》所提出的问题带有根本的性质。像武训那样的人，处在清朝末年中国人民反对外国侵略者和反对国内的反动封建统治者的伟大斗争的时代，根本不去触动封建经济基础及其上层建筑的一根毫毛，反而狂热地宣传封建文化，并为了取得自己所没有的宣传封建文化的地位，就对反动的封建统治者竭尽奴颜婢膝的能事，这种丑恶的行为，难道是我们应该歌颂的吗？向人民群众歌颂这种丑恶的行为，甚至打出“为人民服务”的革命旗号来，用革命的农民斗争的失败作为反衬来歌颂，这难道是我们所能容忍的吗？承认或者容忍这种歌颂，就是承认或者容忍污蔑农民革命斗争，污蔑中国历史，污蔑中国民族的反动宣传为正当的宣传。

……

同一天，《人民日报》党的生活专栏发表文章《共产党员应当参加关于〈武训传〉的讨论》，号召凡是放映过《武训传》的各个城市的党组织都要有计划地领导对影片《武

赵　丹

训传》的讨论。随后，昆仑影业公司通电各地，立即停止放映《武训传》，并组织批判。紧接着，上海文化界、教育界展开讨论，中央教育部制订出了学习计划，讨论、批判《武训传》，中央文化部开展了批判《武训传》的一系列活动，很快，全国掀起了批判电影《武训传》的高潮，大批判文章也是铺天盖地的。曾经对武训及电影《武训传》充分肯定的专家、学者，也都人人自危，噤若寒蝉了，连郭沫若、田汉等文化艺术界的老前辈也都在《人民日报》上发文检讨了。

赵丹懵了。他是个演员，他的任务就是根据剧本塑造好武训这个人物，至于武训与他所处的那个时代的关系，与经济基础及上层建筑的关系，他真的是没有研究过。然而，他不明白了，半个多世纪以来，无论是历史记载还是民间传说，都是肯定武训的，武训家乡的人民都把武老先生当成了圣人，电影《武训传》刚放映的时候，那么多文章也都是赞美武训及其电影的，怎么一夜之间，武训成了批判的对象，自己成了“污蔑中国历史，污蔑中国民族的反动宣传”的参与者了？赵丹不理解了，他不能说什么，也不敢说，他痛苦极了。

赵丹后来回忆当时的心情：

于是一场急风暴雨式的批判电影《武训传》运动，在全国上下轰轰烈烈地展开了。全国报纸杂志纷纷发表批判文章。

江青还组织了一个调查团到山东武训家乡作调查，写了一份调查报告，以证明电影之错误与反动。后来有人认为这份调查报告是“按图索骥”，大有虚构、杜撰之嫌。

当批判的阵势忽然在一个早晨摆开时，孙瑜和我简直吓傻了眼。我们没有经历过延安式的整风运动，对文艺界将要展开的这场斗争毫无思想准备，犹如梦中挨了一记闷棍，坠入云里雾中。当有人追问我们拍这部电影的政治动机时，真不知如何回答是好。因为我们本以为拍这部电影还对反“戡乱”

有功，是为党做了件好事哩，谁知竟被说成是反动的，是在为国民党招魂，成了代表资产阶级向着新中国的第一次进攻，完全成了敌我矛盾性质的政治问题了，这真是做梦也万万想不到的啊！

于伶当时和许多人一样，对这场突然从天而降的灾祸大惑不解，但作为共产党员必须服从组织决定，作为电影厂厂长必须执行领导这场批判的任务。于伶内心深处十分同情孙瑜和我。尤其知道我的性情直率，心中又不服，真怕我万一按捺不住，反而会惹出更多问题，引起更大的政治压力。因此在批判的风潮上，尽量让我少说话，暗中保护着我们过了关。

虽然如此，我却没有因此轻松起来，无形的压力像铅块沉重地压在心间。我失去了往日的热情与开朗，变得终日惶惶，常常寝食不安，彻夜难眠。

在家里，我也不再是温情的丈夫、慈爱的父亲，却像一头暴躁的狮子，动辄大发雷霆。黄宗英是深深理解丈夫心境的，每逢此时，她总是默默地收拾起被摔坏的碗盏，把吓哭了的孩子紧紧搂在怀里，抑止不住的泪水从心里往外流。然而，她纵然是补天的女娲再世，也无力填补丈夫心中的伤口。

其实，赵丹是艺术家，是影剧表演艺术大师，他心中的痛苦并不仅止于此，因为这场对于《武训传》的批判，从本质上提出了新中国的文艺创作究竟应该走什么路的问题。艺术和政治究竟是个什么关系？文艺创作还要不要讲艺术规律？现实主义的创作方法还要不要坚持？当时的艺术批评是政治第一的，《武训传》既然在政治上被彻底否定了，那么，其艺术上的成败得失也就没有任何价值了。当时认为，内容反动的作品，艺术上越高超，其危害性就越大。由电影《武训传》的批判为起始，文艺创作概念化的歌颂、简单化的说教与“工具论”的肆意泛滥，这对赵丹而言，真正是其最大的痛苦。赵丹忽然觉得自己不会演戏了。

毛泽东主席关心赵丹夫妇

伤痛与迷茫同时缠绕着赵丹，三年多的时间里，赵丹一直抬不起头来，时常被要求当众检查。“我犯过一个错误，我演过武训……”这类的话，一时成为了赵丹开会发言或与人打招呼的常用语。

新中国的总理周恩来是最理解赵丹的。他带来了毛主席的嘱咐，要赵丹不要背包袱，犯了错误，改了就好。尽管赵丹并不认为自己有错，也并不知道错在哪里，但是，他对毛主席、周总理的关心还是十分感激的。组织上也因此安排了他的工作，让他去朝鲜前线访问抗美援朝的志愿军战士，在那里，赵丹被许多可歌可泣的英雄事迹感动了，演戏、拍电影的热情又被激发出来了。1953年，中国青年艺术剧院排演话剧《屈原》，周恩来嘱咐当时的院长金山，请阿丹北上，来京主演屈原。话剧《屈原》是郭沫若在皖南事变后写的历史剧，由金山、白杨、张瑞芳等主演此剧，轰动重庆山城，受到了周恩来的赞扬。此次再演，周总理嘱咐请赵丹来演屈原，金山便立即电告赵丹，当时闲闷在家的赵丹闻讯，十分高兴，便立即动身赴京，金山又调集了白杨、顾而已、谢添、魏鹤龄、王蓓等加盟演出，导演仍是重庆版的导演陈锂庭，配音作曲则是我国一流的音乐家马思聪。金山有信心要将《屈原》的演出打造成为中国话剧史上的最高峰。

周恩来总理亲自过问赵丹主演的话剧《屈原》，一天，他专程来到中国“青艺”的排练场，正赶上在排练“雷电颂”，由于音乐太响，压住了赵丹的台词，任凭赵丹拉开嗓门，仍然压不住音乐。周总理发现赵丹嗓子都快哑了，他对导演说，音乐太响，不是在配阿丹的台词，而是阿丹的台词在配音乐了。导演立即采纳了总理的意见，马思聪当即调整音乐。周总理的关心如此细致，这让赵丹十分感动。可是，自从新疆归来，在重庆主演了话剧《清明前后》，赵丹已经有七八年没有演过舞台剧了。这一次上台，他做了大量的准备，他要找回话剧表演的那个感觉，更主要的是，全国批判电影《武训传》，周总理却让他赴京主演《屈原》，他非常感动，甚至有将功补过的心态。可是，艺术上的问题又出来了。《屈原》是古装戏，演员穿着古典服装，不能用现代人的说话方式和形体动作来演，要有历史感，有古风，有古韵。而剧组里的另一派意见正好相反，认为这是条条框框，用现实主义的创作方法，表现人民群众都很熟悉的屈原，就要有生活的真实感，应该用现代人的生活方式来表现屈原这个人物。于是，古与今，两种风格，两种表演，困扰着赵丹，他说：“我演屈原，就在这两种方法之间徘徊着，苦恼着。”这时候，赵丹为什么苦恼？是他不会演古装戏，还是把握不住历史剧的表演风格？其实都不是，他的苦恼是《武训传》引起的。按当时的文艺标准，屈原是一位忧国忧民的英雄，如何塑造这位英雄，这是一个立场问题，也是一个民族感情问题，赵丹似乎不敢演了，甚至不知道怎么去演屈原。

经过一番苦苦的挣扎，在白杨、谢添、顾而已等全力的配合下，赵丹细致而蕴藉的表演，质朴而醇厚，白杨演的南后，台词韵味十足，演得入情入理，谢添、顾而已的表演各具特色，演出还是取得了预期的成功，但也留下了不少遗憾。

话剧《屈原》之后，赵丹仍然没有摆脱《武训传》的阴影。自从朝鲜慰问回来，他一直想演一部电影，表现火热的斗争生活，努力塑造革命者的形象。演罢《屈原》，赵丹接拍柯灵写的电影《为了和平》，导演是著名戏剧家黄佐临，白杨担任女主角，这是赵丹与白杨20年后的再度合作。《为了和平》从抗日战争、解放战争，一直写到抗美援朝，反映的是我国知识分子在党的教育和培养下，自觉走上了革命道路的心路历程。赵丹饰演美国人办的华东大学的教授江浩。这时的赵丹以为，这是一次机会，他一定要努力塑造好江浩这个革命者的形象。

作为反映现实斗争生活的影片，《为了和平》基本上是

影片《为了和平》剧照

成功的。正如马寅初先生说的：“我看了《为了和平》的电影预演，其中主角是白杨与赵丹，两位同志都是我的朋友。他们在电影中所表演的一举一动，可以说大部分是我当时所亲眼目睹的，在好多地方他们所表演的与我所记忆的正相符合。”评论家在肯定了影片成功的前提下，也指出：“剧本在创作上还有较深的概念化的痕迹，这表现在作者为了概括时代而不得不让时代背景牵着走。这样，过多的、过分冗长的历史事件的交代，就冲淡了对主要人物的性格塑造、刻画，因而也就使得人物不能丰富饱满，而某些片断甚至显得苍白无力。”

真正坐下来看自己在影片《为了和平》中的表演，赵丹还是清醒的，他说：

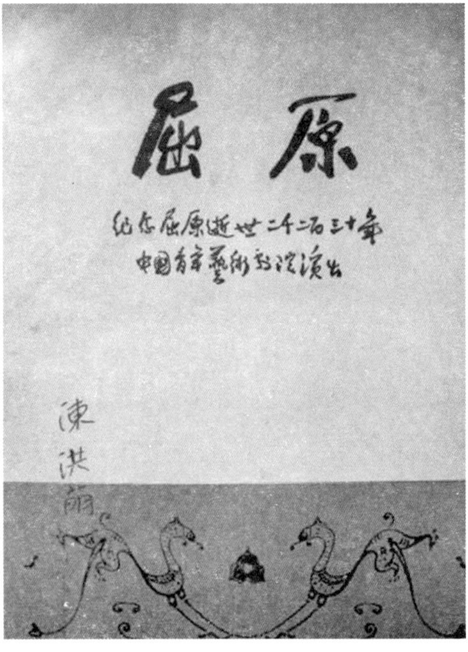

话剧《屈原》说明书

话剧《屈原》说明书

导演黄佐临同志，是我国戏剧专家，是我素来敬佩的导演艺术家之一……我敢说，他过去的导演创造，绝不会像这次这样地冷漠、刻板，捉襟见肘，胸境不开，而且文思不畅。我想，他大概也如我一样是受了当时思潮的影响，不能自已吧。正像邯郸学步一样，自己连路也不会走啦。

……

总之，我在《为了和平》中的表演，好像强迫自己在“九宫格”里写大楷，一笔一画规规矩矩，端端正正，吃力得使人不忍说声不好，却毫无才情特色可言了。

而让赵丹真正摆脱了全国批判《武训传》的巨大心理阴影的，则是他的下一部电影《李时珍》。

李时珍 再创电影经典

电影《武训传》遭受全国大批判，赵丹的艺术思想确实有些混乱了，不知道什么才是政治与艺术的完美统一，演员怎样才能运用现实主义创作方法塑造艺术形象。在北京排演话剧《屈原》，他始终都没有能够解决好形式和内容的问题，演历史人物要不要有历史感？是按历史的本来面目还原历史，还是根据现实阶级斗争的需要来塑造历史人物？这些问题确实困扰了赵丹。尽管话剧《屈原》的演出总体上是成功的，也有评论将赵丹所塑造的屈原与金山当年在重庆塑造的屈原进行了

电影《李时珍》海报

比较，认为各具特色，各有所长，但是，赵丹自己是不满意的，他的很多创作思想和艺术经验被搅乱了，他甚至觉得自己不会演戏了。

正在这时，导演沈浮来找赵丹了，他带来了一个电影剧本，是一个叫张慧剑的记者写的。这个电影剧本就是《李时珍》，表现的是我国明代药物学家李时珍不畏强暴，不怕困难，以实事求是的科学精神，整理和研究我国药物学。他耗尽毕生心血，广征博采，勤学多问，排难析疑，锲而不舍，终于编纂了我国古代经典性的药物学典《本草纲目》。沈浮说：阿丹，我们一直是想合作一部电影的，你看这个电影剧本怎么样？行不行？赵丹说：你看怎么样？沈浮如实谈了自己的看法：没什么戏。赵丹急了，没戏，怎么演？沈浮却不动声色地说：没戏，好啊。我们不就有了用武之地了吗？赵丹一想，也对。沈浮给赵丹一个星期，要他为剧本“加戏”。赵丹读完剧本，非常失望，李时珍这个人物根本没有立起来，全剧只是干巴巴地叙述，只是素材的堆砌与剪辑，根本引不起赵丹的创作冲动，无奈，他去读《明史》，去图书馆寻找有关李时珍的历史资料，想了一个星期，实在想不出什么“戏”来，他想推掉《李时珍》的拍摄任务。一个星期后，赵丹再见沈浮，沈浮说：三人行必有我师。我想，给李时珍的身边加一个卖草药的，再加一个徒弟，会不会有戏呢？赵丹一听，乐了。还是老沈有办法。沈浮比赵丹年长10岁，也是当年上海明星影业公司的，与赵丹相识20多年，是老朋友了，彼此十分了解，也很有交情，他们一直想合作一部片子，这次找赵丹合作《李时珍》，是文化部副部长夏衍和电影局副局长陈荒煤提议的，因此，沈浮早有准备。赵丹后来在谈到《李时珍》的创作时说：

于是接着他就讲了好几段戏，好些饶有意趣的情景，例如有一场——李时珍骑着毛驴，在驴背上看着书，徒弟在旁边

影片《李时珍》剧照

牵着驴缰绳，而那个卖草药的在前面领着路，有一搭没一搭地哼着山歌……先是山道上晚霞满天，一会儿天要下雨……三人在雨中边行边乐……这在中国画里不是常常有这种意境的吗？

他还让李时珍把自己的技艺不传儿子传徒弟，第一个就是那个徒弟，中国社会常是这样的。

还有一段戏，李时珍到了老年时，刻书不成常嘀咕……这个半夜里睡不着觉常常把老伴推醒嘀咕个没完的毛病，其实是我的生活习惯，而沈浮也是个爱和老伴嘀咕的人，他把我的生活里的词儿和他的老伴的宽慰的词儿都放在戏里了。当然他找了贯串线，找了对立面：用一个乡绅人物，将剧情从头到尾贯串起来。

还有一场戏，写李时珍给一个妇女看病，照顾着病人，表现他的人民性。这场戏马上使我想起了自己的童年：我害过瘫痪病，躺在走廊上晒太阳，看着天上的云编故事……美极了，有诗意和意境。病人醒了，李正在为她按脉，可家里人来了，告诉他包乡绅来了，在家里大吵大闹。李不睬，照样照顾病人……一次、两次、三次报告……李神态自若开药方。这段戏原来剧本是李和包乡绅当面顶起来的。是包来问罪，面对面的斗争。而沈浮把斗争放在后面了，把“三报”放在前面，把两个节奏放在一个演员身上（耐心地照顾病人，及对包乡绅的愤怒），这是在考演员，同时也是演员的幸福。

还有在船上听到的拉纤人唱的歌声，变成主题歌，从头到尾都有，到最后变成了幻觉。

在他和我讲这些情节、人物性格的时候，好似个指挥，使大家完全感受到了导演构思的内部节奏及镜头转换的节奏。我已经跃跃欲试，就想动起来了。

总之，我是很佩服沈浮的。因为他的设想与构思绝不是脱离生活的空想，更不是概念的游戏，这是由于他生活经历丰富，接触的人物众多，即“库藏丰满”，同时他的电影创作的实践也非常丰富，一句话：底子厚！所以才游刃有余，俯拾皆是。而绝不是那些个现炒现卖，只凭着一些死的素材就来进行创作的人能比（当然，我不反对素材的积累，或采访的工作）。

我敬佩那些艺术家——作为一个导演，善于将演员的素质和向往纳入到自己再创造的构思中来。我还佩服沈浮，他所导演的影片，总是那样的富有人情味，那样的合乎生活的逻辑和情趣，他几乎是本能地以中国人所表达的情感的方式和习惯，来塑造人物形象和银幕形象，因此散发着浓郁的土生土长的民族的馨香。沈浮堪称是一位现实主义的艺术大师。

听了沈浮的“导演讲戏”，赵丹仿佛又回到了当年跟章泯排戏的日子，重新学习和运用斯坦尼表演理论，摒弃了从概念出发的错误方法，一切从生活出发，一切从自我出发。为了进一步解决内容与形式的问题，在演《李时珍》时，赵丹首先穿起了服装，穿着古人的“宽袍大袖、高底厚靴”吃饭，走路，做事，逐渐摸索古人的动作规律，努力把古人的服装变成自己的“衣服”，然后再借鉴京剧“漂亮”的形体动作加以修饰。他建议李时珍的服装用麻布，不用绸缎，麻布有分量，有朴素美，如果让李时珍穿绸缎，太轻，太抖，飘起来就不行了。于是，导演规定，宫里的人穿绸缎，李家的人及百姓一律穿布的。此外，赵丹还建议先拍外景，通过走路，爬山，逼迫自己的体态要多姿多态，既要有风度，又要自然。到后来，服装不成负担了，确实变了自己的“衣服”而不是“戏装”了。特别是身处富春江、天目山、黄山的美景之中，那山，那水，那小屋，那山道，把赵丹曾经学习绘画的艺术感觉调动起来了，他所扮演的李时珍具有一种浓浓的书卷气和古典美。他的心境、思想、情趣完全溶入了山水画面之中，自我感觉似乎就是画中人了。

“拉纤”一场戏为赵丹找到了塑造人物的形象依据。李时珍随父赴武昌赶考，不中，在回蕲州的舟中，面对浩渺的江水，思考着自己将来的生活道路，岸上纤夫拉船艰难前行的身影，低沉有力的号子，汹涌湍急的江流，逆流而上的行船，这一系列的画面和音响蒙太奇，既烘托出了人物由低沉、凝重，而彻悟，而坚毅，而昂奋的心情，又给人物思绪以深沉的启示，升华了人物的思想境界。这个“逆水行舟”的意境，为李时珍决定一生道路提供了有力的形象依据。

赵丹毕竟是表演艺术大师，他不但自己揣摩人物性格，还非常善于在人物关系中寻找人物的性格依据。在外景地体验生活时，他与饰演徒弟的康泰、饰演卖草药的钱千里是一组。康泰一向敬重赵丹，视他为师，戏里戏外两人都是以师生相称，情谊甚笃；钱千里是赵丹的老乡，从小一起长大，又一起从南通来到上海，一起演戏拍戏，素有兄弟之谊。他们角色的关系与演员在生活里的关系基本一致，十分融洽，这样的人物关系帮助了他们各自的表演。

体验生活，是演员创造角色必须要做的功课。摄制组在天目山脚下齐家村的生活，给赵丹留下了深刻的印象。他们的吃住都在老乡家里，和老乡生活在一起，经常帮老乡搞卫生，帮老乡写信，有时还下水摸鱼，改善生活。摄制组与老乡们的关系非常和谐融洽。生活在这样一种自然、质朴的氛围里，赵丹仿佛感觉到了李时珍的后半生，和老乡们在一起的样子，他意识到，当时的李时珍一定是越来越少了士大夫的气息，还真于朴，越老越天真，像个孩子。这一段生活对赵丹后来处理李时珍与老百姓的戏很有启发。

赵丹国画

《李时珍》的外景从富春江、天目山一直拍到黄山。赵丹穿着李时珍“宽袍大袖”的戏装，在黄山的奇峰云海、怪石嶙峋中穿行，俨然就是当年的李时珍在千山万壑中采摘草药。一路上，他认识了许多药用的植物，如龙须草、还魂草、灵芝草等，黄山真是一个百草荟萃的天然药库。面对黄山的大好美景，上海美专毕业的赵丹画兴大发，拍片之余，他经常铺开画纸，提笔作画，每一次总要画上数十幅才肯收笔，引得围观者冲着穿戏装的赵丹开玩笑：“李时珍啥时候改行成画家了？”

自从赵丹将李时珍的一生定调为“逆水行舟”，他便十分注重李时珍在各个年龄段的性格、语言、声音、形体动作的变化。李时珍从青年到老年，从幻想的破灭到理想的实现，经历了一个漫长的、艰辛的过程，赵丹遵循人物性格的发展脉络，从外形到内心十分准确地、逼真地刻画了李时珍每一个阶段的性格特征，特别是到了晚年李时珍，赵丹运用形体、声音、神态的变化以及对待乡绅、方士的不同态度，生动刻画了晚年李时珍的稳重、老练且刚正不阿的性格特征，既有老年人的温和睿智，又有不同俗流的文人傲骨。当然，赵丹成功地饰演李时珍，“化妆”也是功不可没的。赵丹拍电影，对化妆的要求很高，十分精细。在化妆老年李时珍时，开始用塑形，赵丹怎么也不满意。化妆师王铁彬改用棉花加皮纸做肉，用乳胶做皱皮，鼻子两边贴两块假肌肉，最后加上头套。这样一来，刚刚过了不惑之年的赵丹，果然变成了一个古稀老人。但是，他不能笑，不能大口吃东西，只能吃流食，喝牛奶。而每一次化妆必须4个小时，简直像受刑，但是，赵丹却很高兴。这就是一个饱经风霜、历经坎坷的晚年李时珍啊！赵丹带着妆，一头鹤发，满脸皱纹，拄着拐杖，两眼微微眯着，颤颤地行走在大江边，攀越在崇山峻岭……他自信，他就是李时珍。

电影《李时珍》1956年拍摄完毕，1957年在全国公映。《大众电影》载文评价："赵丹在李时珍的创造中，展示了他高度的表演才华。这是一个典范，一个高度艺术成就的形象创造。"后来，导演沈浮在年高八旬时谈及《李时珍》，他说："这是一次很愉快的合作，我们都打成一片了。阿丹可爱，有才华，有激情，会创造。《李时珍》能留下去。"是的，赵丹创造的"李时珍"超越了时空，成为了中国电影的一个经典。除了当年的热映，1979年、1981年在全国再度热映，并先后在英国、西班牙、美国、法国的国际电影节上映，评价甚高。

赵丹后来回忆说：

通过演《李时珍》，我有个小小的总结：切莫从概念出发。什么伟大的药物学家，古人，等等，办法是先还原于"人"，"普通人"，"可以理解的人"。"伟大"是事后人们对他的评论，自己去意识伟大，那还行？那就势必要先脖子硬起来，挺胸、凸肚、干瞪眼、捏紧拳……一身毛病。真像是个泥菩萨啦。伟大在于造福人民，推动科学前进。

扮演历史上的伟大人物，首先不要让"伟大"吓住了；其次，伟大的人物形象，也是丰富多彩各式各样的，并且都有各自的个性的。

……

总之，从演李时珍开始，我不从概念出发了。不管伟大人物、中间、反面人物，我都从自我出发，以普通人去体验他，然后再寻找能表现的手段和方法。

海之魂 难分红花绿叶

电影《海魂》是由上海海燕电影制片厂于1956年拍摄，1957年公映的一部优秀影片，几乎与《李时珍》同一时间拍摄、公映。《海魂》的编剧是沈默君和黄宗江，导演徐韬。黄宗江是赵丹的内兄，徐韬则是赵丹的挚友，他俩同是上海美专的学生，他们一起作画、演戏，一起参加抗敌演剧队，一起遭受新疆盛世才的迫害，一起返回重庆，后又一起留在上海坚持斗争，迎接解放。现在，徐韬在海燕厂导演

电影《海魂》海报

《海魂》，他来找赵丹，请他出演剧中的主角——国民党青年水兵、起义的组织者陈春官。谁知，赵丹却很勉强，他看过这个剧本，沈默君和黄宗江都是谙熟电影艺术的好编剧，他认为，这是一部运用电影的特性和技巧写出来的真正的电影剧本。电影《海魂》截取了“起义”前后最为紧张的关键时刻，时而用细笔，时而大泼墨，揭示了国民党反动派覆灭前的疯狂、暴戾、虚弱；揭示了遭受非人凌辱的国民党下层官兵和社会上的小人物追求光明、友情而愤然起义的必然性，刻画了各种不同性格的人物。全片人物不少，是个群戏，但写得人各有貌，层次分明，脉络清晰，每一个人物都是通过富有个性的行为动作，把剧情推向了高潮，丰富了主题的表达。赵丹觉得，在这些群像当中，唯有主角陈春官写得最弱，出场虽多，却没戏，形象苍白而单薄。编剧本想红花绿叶相互辉映的，但剧本出来以后，却是只见绿叶，不见红花了。赵丹演惯了主角，对于角色的戏份看得很重，不是多，而是有戏。这个陈春官出场不少，却没有什么好戏可看。他迟疑了，不接这个戏吧，向徐韬不好交代；接吧，实在是不感兴趣。可是，当徐韬告诉他，请了北京的崔嵬来演剧中的窦二鹏，刘琼演国民党舰长，王丹凤演台湾侍女，还有牛犇、康泰、邓楠、蒋锐、陈述、高博等参加演出，摄影师是高手许琦，美工丁辰也是老搭档，音乐是延安来的高田……赵丹一下子就兴奋起来了，这些都是多年来的好朋友，谈得来，合得来，赵丹是很喜欢他们的。他想，自己的得失又算得了什么，和这些好朋友在一起拍电影本身就是一件愉快的事情；再说，有这些人参加拍摄的电影，一定有看头。虽然，陈春官没什么戏，但是，我可以把没戏的角色演出些味儿来，不是也可以弥补人物单薄的不足啊！要我们演员干什么的，演员是艺术家，艺术就是创造。想到这里，赵丹立马高兴地答应了徐韬，接受了陈春官这个角色。让赵丹动心，并接受徐韬的邀请，参加电影《海魂》的拍摄，还有一个原因，那就是崔嵬。他说：

崔嵬是我的老朋友，更是我所心服的一个艺术家。他辞去中南文化局局长的“官儿”不当，全力演戏、导戏，还满心情愿地跨厂（从北京电影厂到上海）来演这个次要人物，更引起我的尊重和好感。

当然，人民的文艺事业是需要一些好同志来当“官儿”的，组织领导工作是不可缺的。我们对于忠诚于党的文艺事业的组织者，也是十分尊敬的。只是对某些“官瘾”奇大，而并不热衷于文艺的“官儿”，十分鄙视。党让你给革命文艺当个勤务员，你不好好当，却在那里混“官儿”做，摆架子，逞威风，何其渺小庸俗！这等人是不配与之谈文艺的。

当时的中国电影界，有崔嵬和赵丹“北崔南赵”之说（后来被江青污蔑为“北霸天”“南霸天”）。拍摄电影《海魂》，是崔嵬和赵丹在新中国成立后的第一次合作，称得上是“旗鼓相当”“棋逢对手”了。有人预想，赵丹和崔嵬两人在《海魂》的拍摄中，必将会暗中较劲，比个高下。没想到他们真诚地合作，相互谦让，相互衬托，给年轻的演员留下了很好的影响，树立了榜样，为《海魂》剧组建立了良好的风气。仅举一例：剧中的陈春官、窦二鹏和小虞（牛犇饰）一起商量，窦二鹏挥起斧子，砍断钢缆，放走“难民船”之后，春官、二鹏遭到毒打，小虞被吊在旗杆上一天一夜，放下来已经是奄奄一息了，窦二鹏愤怒地拔刀要去杀副舰长孔哨天（陈述饰），春官抢步上前抓住二鹏的手腕，夺下刀子，劝告说：“宰了他一个人有什么用？……”二鹏百感交集地扑到春官身上，说：“好兄弟！我白活了三十多年哪！今天我才明白！”说罢呜呜大哭起来。这个镜头，在试戏时，按照导演的要求，赵丹和崔嵬抱在一起的时候，是赵丹的大侧面对着镜头，崔嵬只带到侧背景，突出表现陈春官。可是，赵丹觉得，

影片《海魂》剧照

这场戏是窦二鹏从不同意起义，到觉悟，到起义的情感大爆发和思想大飞跃，而戏又是他引起的，应该在他身上画上句号。于是，赵丹提议，他和崔嵬应该换一个位置，让他对着镜头。崔嵬却说："不行！应该按剧本写的演。"这时，赵丹心里明白，崔嵬是一个优秀的艺术家，拍了这么多电影，从来就不会完全按照剧本演戏的，他这是在谦让。赵丹仍坚持换位置，而崔嵬执意不肯。赵丹向导演徐韬提出了自己的理由，导演按照他的意见试了一下，大家都觉得赵丹的意见是对的，于是，一起说服了崔嵬。正式拍这场戏时，崔嵬与赵丹充满激情的表演感动了在场所有的人，当导演喊"停"时，声音也颤抖了，机器停了，全场人员仍然沉浸在戏里。戏拍成后，效果不错。

这不是一般的"让戏"，而真正是从内容出发的。在艺术面前，演员个人是渺小的。这也是"艺术家"与"艺人"的根本区别。这是两个演员的高尚艺德与几十年情谊的紧紧相依，也是戏里的两个有着共同命运，又将共举大事的水手在紧紧相依——这里已经分不清演员与角色了，是春官与二鹏，也是赵丹与崔嵬。

《海魂》是个群戏，人各有貌。每个演员都能真正地体验和体现自己饰演角色的人物性格。比如：兵舰离开吴淞口，镜头横扫，表现每个人的反应，他们都想家，但每个人的情绪不同，程度不同，表现也不同，因为，共同的遭遇不能代替各自不同的生活经历和性格表现。又比如：兵舰抵达中国台湾后，感受美军对待蒋军官兵那傲慢戏弄的态度，这时，镜头又横扫，表现每个人的不同反应，每个人的性格、历史、心情和内心活动都恰如其分地被刻画出来了。有的人，戏不多，却场场都到；有的人台词不多，却牢牢抓住了人物的性格特征，表现得很有特色。比如蒋锐演的是一个凶残的水手，戏不多，但他根据人物的需要，剃了一个大光头；陈述套上了一副假牙，改变了自己的形象，使这个人物更具有性格特征；而刘琼的舰长更是别具一格，他老奸巨猾，反动顽固，但外表一副正人君子的样子，刘琼演得不温不火，不露声色，毫不脸谱化，真的是入木三分。

演员们不光能够演好自己的角色，对于群体性的大场面，他们也是同心协力、精益求精的。比如“海上风暴”一场戏，秋冬季节，午夜，他们把一桶一桶的水吊到架起的天桥上，又调来消防车、飞机螺旋桨，制造“惊涛骇浪”。导演一声喊，顿时，狂风巨浪铺天盖地而来，除了大伞下的机器，全体都在寒冷的风浪之中，而且是一试再试，一遍一遍，他们没有半点抱怨，只有专注的快慰与艺术创造的快乐。

《海魂》是一个群像戏，赵丹虽然是主演，但是，这个戏的艺术特点就是要在写英雄人物的同时，写出一个英雄的群体。所有演职人员在导演徐韬的带领下，完成了这个任务，红花绿叶，相得益彰，一部优秀的影片诞生了。

1957年，《海魂》首映，观众好评如潮。1959年，《海魂》在捷克斯洛伐克参加了“第十届劳动人民电影节”，获得“为世界和平而斗争二等奖”。1981年，该片又在法国参加“第九届拉罗歇尔国际电影节”。1979年，晚年的赵丹在参加电影《海魂》复映的审片会后，这样写道：

我惊奇：演员们演得多好啊！整体感多强，多有光彩啊！看着画面上昔日的合作者，我欣慰而又痛心地想到：那时我们谁都没意识到自己还年轻哩，现在一个个都老了，有的虽老而志犹壮，又在为拍摄新片而奔波；而有的永远不可能在新片中出现了。如今隔着《海魂》银幕上的一层布，隔着阴阳界河啊，亡友们在彼岸徜徉，在微笑，在呐喊，在哀叹，在期望……当映毕灯亮，同志们的啧啧称赞，热烈的议论……都在我的泪水里模糊了。这是当年怎么也想不到的事……

……

活着的和逝去的伙伴们！《海魂》摄制组的成就是友谊的结晶，这深厚的互助互爱、互帮互学、互敬互让的集体主义思想，永远魂牵梦萦在我的脑海中，和我一起踏上新的征程。

林则徐 又铸经典形象

赵丹在电影界的好朋友里，郑君里是一位情同手足，几十年同舟共济的患难挚友，他们在南通赵丹创办"小小剧社"时相识，后来又一起在上海演话剧，拍电影，无论是艺术上，还是生活里，他俩都能做到休戚与共、默契于心。当年赵丹因《武训传》挨批，话剧《屈原》的演出又不甚理想，赵丹的情绪一落千丈，郑君里曾经拿着《宋景诗》的电影剧本来找赵丹，希望他能拍一部好片子，翻翻身。但是，赵丹谢过郑君里的好意，认为宋景诗高大魁梧，英气逼人，崔嵬的形象和气质更接近一些。郑君里被赵丹不顾个人名誉的损益，依然保持严谨认真的艺术态度所折服。这一次，郑君里又拿着《林则徐》（当时名《鸦片战争》）的电影剧本来找赵丹，他觉得"林则徐"的形象气质非常接近赵丹，这个钦差大臣、禁烟英雄"林则徐"非赵丹莫属。谁知，赵丹却是犹豫不决。

当时正是全国"大跃进"时期，轰轰烈烈的"大跃进"讲的是"政治挂帅"。赵丹想，在这个时候，树立一个封建王朝的钦差大臣，不合时宜。赵丹又是一个精益求精的艺术家，本来就不想赶时髦，他一直认为，只有经过艰苦磨砺、细心琢磨、精雕细刻出来的电影，才是真正光彩照人的艺术

影片《林则徐》剧照

品，才能被历史记住，以闹哄哄的“大跃进”的热潮赶拍出来的电影，终将会被历史的浪潮所淹没。再说，眼前的《鸦片战争》剧本写得很一般，虽然有几场戏还算不错，但是，林则徐的戏却很单薄，是一个四平八稳、性格模糊的人物，赵丹不太喜欢。郑君里毕竟是赵丹少年时的挚友，一眼看出了他的犹豫与不安。他说，这个时候拍一部林则徐的电影，很符合“大跃进”的要求，我们不是说要“赶超英美”吗？林则徐烧的就是英国的鸦片，多长中国人的志气啊！再说，这个戏也是夏衍、陈荒煤安排的“国庆十周年献礼片”，这个任务很光荣。至于剧本的问题，我们还是老办法，回去想一想，我想全局的，你只想人物，就是林则徐这个人物，然后我们再一起把剧本改出来。赵丹觉得，君里的第一个理由有些牵强附会，而完成“国庆献礼片”的拍摄任务，是一个比较充分的理由，又是赵丹信得过的夏衍与陈荒煤两位领导安排的，赵丹不再坚持了。按照郑君里的“老办法”，赵丹回去准备了。

赵丹重温了战争年代历史，知道林则徐是“清代开眼看世界的第一人”，在禁烟抗英的斗争中，林则徐以民族战争抵御外来之敌，他主张学习西洋，探索和学习资本主义国家的新知识和军事技术，主张发展正当的中外贸易，反对清朝落后的封关禁海政策。在当时的封建统治集团中，林则徐是一个具有进步倾向的代表人物。有了这样的认识，赵丹又看到了一些林则徐的画像：饱满聪慧的天庭，神采奕奕的眸子，特别令赵丹心动的是：他那莞尔微笑的神情，显得很温和，很平易近人。他仿佛看到了一个“蔼然可亲”的普通老人。

演员创造角色，关键是要捕捉到人物的形象特征，从而着手创造人物。看了画像以后，赵丹又去翻阅了大量的史料，如《林文忠公事略》《林文忠公传》《英军在华作战记附录》等。史料记载：

生警敏，长不满六尺，英光四射，声如洪钟。每剧谈，隔舍数重聆之，辄了了。

……

性聪察，摘伏如神，驭左右严。每黑夜潜行，躬自徽察，无敢因缘为奸。然待人以恕，接人以诚，人咸乐为之用。与人言必令反复详尽，得达其情，道人善，孜孜若不及。善饮喜弈，服官后，皆却弗御，好勤动，与处数十年者，未尝见其袖手枯坐也。

……

公身体不逾中人，端凝严重，行止如载华岳。眉目疏朗，光奕奕出数步外，神采威秀，顾盼风生。与人和易温粹，虽卑官下僚，辄与坐论终日，鲜惰容骄色，能使人尽言。

读到这些地方，赵丹不禁拍案而起。他说：“我开始摸到这位朋友的性情脾气了。我高兴他不是一个糟老头子，他的性情脾气里有那么多吸引我的东西!”

赵丹还读到了英国人关于林则徐的记载:

钦差(指林则徐)的身材很短硕。年龄显然在四十五岁上下,面容可悦,眼小睛黑,目光锐利,前额文雅聪明。他的声音明朗、清楚,而且响亮。他穿着很素净的衣服。但其他的大员却都全副官章官服。

……

他问我们有没有在广州听到任何关于他的健康的传说,因为他曾经听到在铜鼓流传着他患重病,大约不久人世的消息。讲到这里,他大笑起来了,并问我们认为他的健康情形如何。我们立刻答称他的容表壮健,向他道贺。他非常喜悦。

……

看见钦差和别的几位贵人们……正在和我们一个侍役谈笑取乐……并让他朗读了一两页英文,聆听之下,深表欣悦。

他仔细地察看了我们的西装,和他的朋友们就西装的各部分笑谈诙谑取乐。

洋人面前的林则徐,不失礼貌,却又透出天朝大员对当时“洋夷”的那点居高临下的“天朝之威”。

迷雾散去,形象慢慢露出轮廓。从林则徐精力充沛、胸襟开阔、大刀阔斧而又平易近人的气质中,赵丹仿佛摸到了一件最宝贵的东西:真璞。这大概也就是所谓的角色的“种子”了。在它的照耀下,林则徐性格中的刚毅、正直、乐观、真挚、豁达、无私等就像是一连串透明的小珍珠,众星捧月似的紧紧依附在它的周围。就这样,赵丹仿佛是找到了一把开启人物心灵的钥匙。那遥远的历史记载好像不是纸面上的东西,而成为活生生的东西,视之可见,触之可觉了。

学习中国画的赵丹开始用颜色为角色定调:林则徐是朱红色,属于阳刚;与他紧密相关的两个角色,一是邓廷桢为中间色,棕色或墨绿之类;二是关天培,他是一位忠心耿耿的老将，应该是橘黄色。

人物基调找对了，并不等于银幕上的最后表现。赵丹决定用中国画中大落笔的手法，来尝试银幕形象的创造。

所谓“大落笔”，就是对大的规定情境——历史的时代背景以及每一场戏的规定情境和角色的任务作全局的运思，考虑如何运笔，何处着力渲染，何处轻轻带过，以达到疏密有致、一气呵成的效果。分析了整个剧作和角色以后，赵丹设计通过几场戏，用大落笔点染出人物的性格特征，完成形象创造。

第一笔：亮相。这是突出人物性格的第一笔，不仅可以给人以先声夺人的印象，而且也是人物性格的高度浓缩。林则徐的第一次上场“亮相”，尽管人物的内心很复杂，感情的幅度也比较大，内心独白也很丰富，但是，在表演时，却不宜烦琐累赘，切忌在一个镜头或一场戏中求全。因此，林则徐的上场，感情是克制的，行动是自然的，只是“目光奕奕”而已，突出其果断、机智即可。

林则徐到了广州，百官集迎，仪仗煊赫。林则徐一派钦差大臣的威风，正所谓“神采威秀，顾盼风生”。而当“请圣安”的典礼刚刚行过，赵丹设计林则徐立即抢前一步，如饥似渴地去见老朋友邓廷桢和关天培，把手叙旧。这一抢步，立即为人物换上了明快的调子，不仅表现了林则徐与二位老朋友的旧谊深厚，还为后来的合力斗争在人物关系上作了铺垫，突出了林则徐热情、豁达、开朗、真诚的性格侧面，一个很重要的侧面。

第二笔：“逸”。飘逸，洒脱。这应该是林则徐的另一个性格侧面。会见豫坤的戏，赵丹是这样处理的：豫坤是林则徐未来的敌手，但此次初见，并无敌意，他设计林则徐一揖之后，稍事谦让，便大步走去，一面走，一面顾盼左右，自然而然地流露出一派豁达的气度。赵丹没有去演钦差大臣的

"威严"与"端庄"，而是以飘逸、洒脱的神情，突出了林则徐感情真挚、心境开阔、风采灿然的性格侧面，丰富了林则徐的性格色彩，使之更加立体。

第三笔：私访。林则徐是一位有见识、有韬略的政治家，他深知深入民间，体察下情，可以主动在手，达到稳操胜券的效果。他以"平易"出之，脱下官服，扮作商人，青衣小帽地出现在老百姓中间。他一方面看到老百姓要禁烟，一方面又看到了他们对朝廷的不信赖，更增加了他禁烟的决心，同时感到自己责任重大，必须全力以赴。私访，为未来的战斗，安排下了可信的基础。

第四笔：接风宴。这场戏原来设计的是林则徐与众官议事，端出他的战略与战术，但是，赵丹总觉得这样太"露"，太直接，直奔结果了。经过再三思考，就有了"接风宴"。这场戏表面的调子是很随和的，不是"急急风"，内在的节奏却是很紧张的，一下子就把对手豫坤"晾"到了一边，揭穿了他的阴谋，在谈笑酬酢之间解决了战斗。看起来是漫不经心的，其实是用足了力气。在从容的谈笑之中，蕴藏着逼人的锋芒。这样的安排，正是从当时的官场酬酢之风中取来的，同时，也表现了林则徐正义在我，胸有成竹，写出了他的主动进攻的性格侧面，既打乱了敌方的阵脚，也打消了邓廷桢的顾虑，显示出了林则徐作为一个政治家的魅力和大手笔。这一笔用得"洒"，甚至有点"泼"。

后面吃橘子的动作是"洒"与"泼"的延续，也是来自于生活的。宴席刚散，随和、平易的林则徐很随意地拿起了橘子来吃。林则徐是福建人，福建产橘子，这个小动作多少有一点眷念故土的意味，再加上林则徐不拘小节的性格，这个小动作就显得有点"洒"，有点"泼"了。赵丹的这个"吃橘子"的小动作，导演很是喜欢，在后来的几场戏里，导演便有意识地摆一盘橘子，如林则徐深夜阅读，桌子上放了一盘橘子；革职在家，茶几上也放着一盘橘子。橘子成为衬托和象征人物性格的贯串物了。

第五笔：“爆”。林则徐升堂议事，重申禁烟律令，当场逮捕了私放洋人的韩肇庆和通风报信的伍绍荣，雷厉风行，而主角豫坤却不到场，林则徐怒不可遏，摔掉茶盅，直至“制怒”。一个“爆”字，表现了林则徐的“威”。林则徐明知道事情的复杂性，但是，面对这些卑劣小人私通洋人的无耻行径，不由得怒火中烧，不能自已。这一怒，这一制，表现了林则徐的耿耿忠心、大刀阔斧、疾恶如仇的性格侧面，也表现出了他的真诚和数十年官场并没有磨尽的“真璞”。由“真璞”而来的“爆”，恰恰就是他的性格特点，也是他的局限性，更是他的可喜与可贵之处，这场戏有味道，有深度，一怒一制，符合历史的真实和性格的特点，同时也表现了人物在规定情境中的生活感受和情感波澜。

第六笔：“舒”。夜深了，林则徐忙了一天，本来应该休息了，但是，他为了迎接明天的战斗，仍然就着烛光翻阅文献，察看地图。这里表现的不是挑灯夜读的饱学君子，也不是治事严谨的清官老吏，而是一个有勇有谋的爱国志士的形象。天亮了，他又迎着朝霞，对着满园春光，打起了太极拳……在布局上，这里用的是欲擒故纵的技法，预示着下一场大战的来临，是暴风雨前夕的宁静。赵丹说：“在这几场戏里，我没有着意为角色作任何具体的设计，用的是意想不到的笔法，调子是平稳的，很淡。而从电影的特性和整个戏的节奏来讲，这里也需要来一个顿挫，如行云流水，任其自然，为的是让观众舒口气，有充分的余裕去感受、理解已经发生的事，细细咀嚼，发挥他们的联想。同时为下面要着力渲染的戏造成机会。中国传统戏曲的剧作和表演上都有这样的特点，该着力刻画的地方，作者和演员不惜用最细致的笔墨加以渲染，大做其文章；该放的地方就轻轻一笔带过。

影片《林则徐》剧照

所谓‘王恰泼墨，李成惜墨，二者相合，是为画诀’（董其昌题画）。一纵一擒、一张一弛、一紧一宽、一繁一简，乃是艺术创作的诀窍。既要淋漓尽致，又要留有余韵。要把观众的理解和联想的能力估计在完成戏剧效果的因素之内。不问观众耐烦不耐烦，理解不理解，喜爱不喜爱，演员只管在那里大做其‘戏’，这是不智之举。”

接着，赵丹在“林则徐”银幕形象塑造的“小结”中说：

现在让我来尝试做个小结：为了从几方面表现人物性格的基本特征，初步树立起人物形象，在表演上我运用了六个笔触，同时由于戏的风格和形象本身的特点，我用的笔触是概括性较强的大落笔的手法，有张有弛，有动有静，互相衬托，互相联系。拿画来比方，好像是中国的写意画。概括言之：

第一笔是角色的“亮相”；

第二笔，超脱了一定的格局，表现人物的风采，是“飘逸”之笔；

第三笔，表现人物的平易近人，用的也是“平易”之笔；

第四笔，在谈笑酬酢中解决了一场战斗，表现人物的成竹在胸和从容不迫，用的是“洒”笔或“泼”笔；

第五笔，以雷霆万钧之势予反扑者以严惩，表现了人物的“威”，用的是“爆”笔；

第六笔，暴风雨的前夕，用的是“舒笔”，看来，也是“闲笔”。

这是我在表演风格上力求做到民族化的一点尝试。

当然，这六个笔触不能分割开来，它们互相联系而又互相区别，是整个形象有机的一部分。它们既要符合人物性格的发展，也要符合具体的规定情境；另一方面，它们又还不过是初步的勾勒，人物的思想性格还要在新的更重大的斗争中磨炼，人物的思想感情还要随着矛盾冲突的发展而深化，特别是和人民这条线还要继续发展，逐渐显现。

赵丹在《开眼看世界的第一人——林则徐》一文中，还谈及了《林则徐》的“两条线交织”“古今如何相通”“艺术的真实”“向民族传统学习”等中国电影表演民族化的学术问题。

1959年，《林则徐》在全国公映，立即引起轰动。《电影艺术》等专业部门专门召开电影演员座谈会，大家公认《林则徐》是这几年中国电影最优秀的影片之一，称其为“艺术的珍品”。阳翰笙欣喜万分，不但写信给赵丹表示祝贺，还在《人民日报》发表《谈优秀影片〈林则徐〉》的文章，文中说：“演员表演方面，赵丹同志对于林则徐这个人物的创造是很有光彩的。他的成功，在于他把‘林则徐’既演得很真，也演得很深。他在创造这个人物的时候，注意去挖掘人物内在的思想感情，善于动用一些精练的动作去表现人物的精神面貌。有许多场面演得很精彩……一个演员能够把人物演得这样真实和深刻，这是不容易做到的。”各地报刊登载观众的“观后感”：赵丹真实、生动地塑造了中国近代史上第一位开眼看世界的民族英雄，为中国电影形象画廊奉献了一颗艺术的珠宝。

《林则徐》是中国电影的经典之作，赵丹塑造的“林则徐”是中国电影史上最为经典的银幕形象之一。塑造这样的银幕经典形象，并非易事，更非演员仅凭经验和感觉就能演好的。赵丹有丰富的舞台与银幕的实践经验，有极其坚实的传统文化底蕴，还有在上海美专学习绘画的经历，而且造诣颇深，其表演艺术的理论更是集中国传统戏曲艺术与斯坦尼表演体系之精华而独树一帜。这是赵丹与一般影剧演员所不同的地方，堪称表演艺术大师。

自1960年至1981年间，《林则徐》先后在英国、日本、埃及、澳大利亚、厄瓜多尔、美国、西班牙、印度、德国、突尼斯、法国等国家和地区的国际电影节放映，为中国电影赢得了很高的国际声誉。

念故友 重现聂耳当年

1959年，“国庆十周年献礼”影片《聂耳》，由上海海燕电影制片厂摄制。编剧：于伶、孟波、郑君里。导演：郑君里。摄影师：黄绍芬、罗从周。主演：赵丹、张瑞芳。由赵丹饰演聂耳。聂耳，云南玉溪人，原名聂守信，是中国无产阶级革命音乐的先驱，中华人民共和国国歌的曲作者。1925年考取云南省第一联合中学，当时正值中国革命风暴在南方兴起，聂耳受到进步书刊和《国际歌》的影响。1927年入云南省第一联合师范学校，参与了学生“读书会”，并与友人组织“九九音乐社”，学习小提琴，参加了各种演出活动。1931年入黎锦辉主持的明月歌舞剧社任小提琴手，1932年7月发表《中国歌舞短论》，并因批评黎氏而被迫离团。同年，进入联华影业公司，参加了“左翼剧联”音乐组，并组织“中国新兴音乐研究会”。这期间，他学习了和声学、作曲法等，1933年，开始为左翼电影、戏剧作曲，同年，由田汉介绍加入中国共产党。1934年4月入百代唱片公司任音乐部主任，同时组建百代国乐队，这一年，聂耳创作了大量音乐作品。1935年初，聂耳创作了著名的《义勇军进行曲》（现中华人民共和国国歌）。7月，聂耳接受党组织的安排去苏联学习音乐，绕道日本，不幸在日本藤泽市海边游泳时溺水身亡。聂耳在抗日救亡运动中，在最后不到两年的时间里，创作了37首歌曲，其中《大路歌》《码头工人歌》《毕业歌》《铁蹄下的歌女》《卖报歌》《新的女性》《梅娘曲》等，准确生动地表达了人民的思想感情，产生了广泛的影响，为中国无产阶级革命音乐的发展进步明确了方向，为中国音乐创作树立了榜样。

聂耳是赵丹的故友，他们是在“左翼剧联”工作的时候相识的。赵丹未见聂耳之前，就听说了他，知道他是一个勇敢、热情、开朗、诙谐的青年音乐家，有朋友说，聂子与阿丹的性格很相像，他们如果认识，一定会是好朋友。果然，他们相识后，很快就成了莫逆之交。他们在一起谈抱负，谈艺术，谈人生，谈各自的爱情观，可以说是无所不谈，而且常常争得面红耳赤。渐渐地，赵丹发现聂耳和自己有所不同，他特别冷静，只要赵丹热情泛滥起来，话多的时候，聂耳就会

赵丹饰演的聂耳

敲桌子喊“停”，而他自己却总是在一旁静静地听别人讲。赵丹还发现，聂耳的才华是多方面的，不仅是一个好的作曲家，他还对电影戏剧中的编剧、导演、表演有自己的独到见解。他爱逗朋友开心，他到一个地方，立刻就能带来一片欢笑。他热爱工作，经常“抢工作”。除了作曲外，他还演话剧，当电影演员，组织业余歌咏团，甚至为大家跑腿。他永远不知道疲倦。在联华影业公司的摄影场，赵丹经常看见他在帮着搬片子、抬机器，充当临时配角。在舞台演出的后台，赵丹又经常看见他在帮着搬布景，搬道具，搞音响，做效果。在百代公司，他又是组织者，指挥者，伴奏者，同时又是录音者，有时还参加伴唱。在舞台上演出，他今天是民乐队的指挥，明天也许就是二胡演奏者，后天却又拉起了小提琴。只要是工作，他总是干得这么带劲，这么利索，这么认真而又快乐。

“抢工作”，是聂耳的风格。当别人有困难的时候，聂耳总会立刻伸出热情的双手。有一次，赵丹在明星公司拍《女儿经》。这是一部集锦片，由十个导演拍十个片断组成。赵丹在其中一个片断担任主演，导演是沈西苓。赵丹后来回忆说：

我演丈夫，夏佩珍演妻子。陈娟娟当时只七八岁，演我们女儿。戏里有一个镜头，表现丈夫受刺激后，万念俱灰，决心自杀，一面笑着和女儿告别，一面转过身来，恋恋地扫了屋里一眼，然后独自走出门去。这是一个长镜头。长镜头，当时是被认为显示演员本领的，演员都以能演长镜头为荣。而且这是一个人的戏，没有一句对话，许多心理活动要在一个镜头里表现出来。好吧，这正是我显示的时刻。可是，正由于这个要“显示”，感情反而出不来。场上的灯灭了又开，开了又灭，在等我的情绪。导演一面极力动员大家耐心，一面劝我别心焦。他越是动员，就越增加了我的紧张。这当口，聂子正在旁边，他目光一闪，忽然说："来，我有办法！"随即从随身带着的破琴匣中拿出提琴，拉起小夜曲来。琴声是那样的动人，刚拉了两三个乐句，我的感情便像淙淙流水似的来了。"开灯！"聂子看到是时候了，一面拉，一面跟导演打招呼，"快！快！"机器动了，随着我的表演，机器向前推移着，于是，聂子拉着提琴，提琴跟着摄影机，摄影机又跟着我，说不清是琴声诱导着我的情感，还是我的情感在指挥着他的旋律，就这样顺利地拍完了这个长镜头。而聂子的琴声也同时收录进影片，成为这个片断的音乐配音。

影片出来后，这个片断的表演在整部影片中得到的评语是较好的，而我的表演又以这个长镜头显示为全段的"高潮"。天知道，没有聂子和他的琴声，这个镜头又会是什么样子呢？

聂耳待人很真诚，很朴实。他有许多孩子朋友，他和他们一起玩，一起做事，一起讨论，他很认真，甚至还跟孩子吵嘴，为一件小事生气，是真的生气，因为他对待他们是认真的。在上海霞飞路和鲁班路口有个叫小毛头的卖报小女孩儿，她和聂耳很熟，一见面就喊"聂子"。聂耳有时帮她卖报，教她唱歌，《卖报歌》就是这样唱出来的。聂耳爱花，爱书，爱孩子，爱运动，爱一切美好的东西，他就是一个天真的"大孩子"，他的心是透明的。这一切，赵丹都非常熟悉。

赵丹与聂耳还有一次合作，那就是《扬子江暴风雨》的演出，那是左翼电影和戏剧的联合大公演，是对电影戏剧的进步力量的大检阅，也是对敌人的一次大示威。聂耳担任作曲与主演，张曙在台下指挥和领唱。赵丹这些电影和戏剧演员参加合唱。看了《扬子江暴风雨》的演出，赵丹认定了聂耳是个好演员，当聂耳演到抱起了死去的孩子时，赵丹深深地被打动了，他流下了眼泪。演出一结束，聂耳立即跑过来征求赵丹的意见。他很虚心，在工作上、艺术上是极其认真的。

影片《聂耳》剧照

当国民党的白色恐怖愈演愈烈，赵丹就很少见到聂耳了，他当时不知道聂耳是共产党员，是党组织把聂耳保护起来了。一直到党组织安排聂耳去苏联学习，绕道日本，赵丹和郑君里、袁牧之等人去码头送他，赵丹才又见到了聂耳。船，缓缓地离开江岸的时候，赵丹看见聂耳在擦眼泪，他哭了，这是赵丹第一次见到他流泪，谁也没有想到，这也是最后一次。

时隔不久，噩耗传来，聂耳在日本游泳时溺水身亡了。赵丹怎么也不相信：聂子怎么会死呢？他不会死的。活泼、诙谐的聂子一定是在开玩笑，他一定会像《活尸》一剧里的主人公一样，把手杖和帽子丢在海边，人们都以为他死了，有一天，他却带着嘲弄的微笑回来了。聂子一定会回来的。赵丹怀着“聂子会回来的”不灭信念，等待着与聂子相见、拥抱、大笑的开心一刻。就这样，过了二十多年，一直到1958年，海燕电影制片厂拍摄影片《聂耳》，分配赵丹饰演主人公聂耳的时候，他才确信“聂子真的死了”。

读完《聂耳》的电影剧本，赵丹清楚地意识到，这是一个“新的聂子”，这不仅仅是自己心目中的那个原来的聂子，而是一个更高大、更鲜明、更饱满、更美好的聂子。回忆聂耳一生的道路，特别是影片中所要表现的战斗的五年，聂耳从一个爱好音乐、不满现状的知识青年，成长为自觉的共产主义战士。他首先是战士，然后才是音乐家。在党的领导下，聂耳用音乐作为战斗的武器，深入人民生活，体察人民情感，唱出人民心声，谱写人民之歌，这个“新的聂耳”，应该是人民的聂耳。赵丹没有被自己感性的“聂子”所束缚，作为一个电影表演艺术家，他清楚地知道生活与艺术的关系。他说：“我熟悉聂耳，如同熟悉我最亲近的人。但是，熟悉的，却不一定是最理解的。对演员来说，熟悉和理解是创造的起点，二者缺一，都会使未来的角色成为跛行人物。”

于是，赵丹开始了一个演员极为特殊的案头工作。如果说《林则徐》的案头工作是从熟悉历史材料入手，经过细致而缜密的理性分析和较长时间的摸索，才最终获得了角色的形象。那么，《聂耳》则相反，随着剧本主题思想和角色任务的研究分析，大量的生活感性材料和生动的细节不可抗拒地涌现在他的脑海里。以“人民的聂子”为艺术想象的源头，回忆，已经不仅仅是曾经的生活作为感性材料的重复，而是已经包含了提炼、加工和升华。可以说，赵丹在案头分析阶段，就已经有了未来银幕上聂耳的形象，甚至也已经有了演员创造角色“怎么做”的形象设计。

按照导演的提示，赵丹把聂耳性格发展的道路分为三个阶段：第一个阶段，幼稚、天真的阶段；第二个阶段，苦闷、探索的阶段；第三个阶段，走向成熟的阶段。而乐观的天性、战斗的精神是聂耳的性格基调，始终不变，只是在这三个不同的阶段表现出性格色彩和程度的不同，比如，成熟阶段，他更加趋于内涵、沉着，更具有鲜明而正确的战斗目的性，乐观的天性却是不变的。根据剧本主题思想和艺术风格的特点，导演处理这是一部“带有喜剧风格的正剧”，加上聂耳乐观的天性和战斗的精神，这就决定了赵丹在表演风格上必须不同于《林则徐》。《林则徐》是雄伟、严肃、典雅的古典味道，《聂耳》则有鲜明、浓烈、饱满的热情，同时带有轻松、活泼的日常生活的色调。赵丹在谈到影片《聂耳》的表演风格时说：

因此，我尝试在表演技法上运用显然不同于《林则徐》的表演。如果说《林则徐》用大笔触勾勒，更多写意的笔法，那么《聂耳》的表演技法则是：寓主要动作于细枝末节之中，寓典型性格动作于生活风貌之中。仿佛这一切都在不经意之间自然流露出来。这就是我此次创造人物着力之所在。《聂耳》作为革命历史剧的概念在我脑海中不复存在。聂耳好像是今天生活中的人，就是我们自己。所以，在人物动作设计上，是从大真实着眼（典型环境、典型性格），从小真实着手（生活细节的真实）。譬如聂耳在阁楼天窗上做早操，在雪天晒台上拉琴抡动手臂的动作，以及写作时的抡臂动作等等，这些贯穿动作的设想，都是在从小真实引向大真实这一思想指引下来运用的。

有了角色的总谱，确定了表演的风格和技法，赵丹着手创造“聂耳”形象的第一个具体问题，就是如何克服演员与角色之间年龄的距离问题。赵丹当年已经是四十几岁的人了，要创造一个从十九岁到二十四岁的青年形象，这是颇费周折的事情。赵丹没有作形象的模拟，还原生活中的“聂子”，而是以“创造形象”的理念，走“神似”的路子，从精神气质上下工夫，以自己的儿子、女儿和自己的年轻时形态作为“老师”，准确地把握住了角色性格的总谱，放下了“年龄”的包袱，以“乐观的天性和战斗的精神”成功地解决了这一问题。

正因为赵丹熟悉聂耳，又能够很好地研究分析剧本，

在影片《聂耳》(1959)拍摄现场，导演郑君里(中)为赵丹(左一)说戏

把人物揣摩得十分透彻，与郑君里、张瑞芳、王蓓、邓楠等合作者又默契于心；在具体的拍摄过程中，即使每场戏未必都在设计之中，却也能心领神会，“好戏”油然而生，水到渠成，达到了“得心应手”的创作境界。比如聂耳写作《码头工人歌》的一场戏：聂耳坐在桌前写着写着，忽然感觉写不下去了，丢开笔……戏到这里，该怎么接下去？用毛巾擦汗？太一般。用冷水冲头？太老套。这都不是聂耳的动作，按照聂耳的性格会怎么做呢？用毛巾擦汗，擦完了，放哪里？怎么放？下面的戏又怎么接？赵丹虽然熟悉聂耳，却从未见聂耳写作是个什么状态。这时候，赵丹想起了聂耳在舞台上扮演的《扬子江暴风雨》中老王的形象，他肩上的那块布！对，把毛巾搭在肩上，这一搭，不正是生活的自然动作，符合聂耳的性格嘛。赵丹想到这里，一下子进入了规定情境，进入了聂子当时的心境，于是，“好戏”便顺流而下：《码头工人歌》的旋律开始奏响，赵丹仿佛看到了码头工人弯着腰，承

受着肩上货包的重压，脸上现出痛苦的表情。再比如聂耳入党一场戏：聂耳演完《扬子江暴风雨》回到后台化妆室，苏平来告诉他，他已经被批准入党了，聂耳万分激动，以手抓发，默默地低下头去，然后慢慢地、激动地抬起头来，眼含泪水，凝望着苏平。这一连串的动作，事先没有设计，也没有排练，这种动作下意识地出现，就是因为赵丹熟悉角色，很快进入了规定情境，动作找准了，节奏也出来了。这一抑、一扬、一隐、一现的技法，自然而然地把聂耳内心最强烈的动作先埋藏起来，以期达到下面更强烈的动作——含泪凝视苏平。赵丹的这个下意识表演得到了导演的认可，所有在场的人都为他这精妙的设计叫好。赵丹却说，这都是即兴的。

演员一生都在追求“下意识表演”，这种表演最准确、最真实、最自然，而且“临场创作”“即兴表演”，这种在艺术创作上出现的“得心应手”的美妙境界，并非是偶然现象。这与艺术家思想水平、艺术修养、生活积累、艺术技巧以及对人物形象、规定情境的熟悉、认知的深度，有着极为密切的关系。赵丹创造聂耳形象之所以经常能够达到这种“下意识表演”的境界，除了他思想感情的纯朴、艺术修养的高超、生活积累的丰富和艺术技巧的娴熟，更主要的是他熟悉聂耳、理解聂耳、深爱着他的故友——聂耳。

1959年，国庆十周年，作为10部国产献礼影片之一，《聂耳》一经与观众见面，立即引起轰动，观众一致欢呼：“聂耳回来了！聂耳在银幕上再生了！”当年的电影评论家们也抑制不住激动，纷纷撰文，称《聂耳》的成功“表明了我国电影艺术家在创作上的日益成熟”。1960年与1981年，《聂耳》先后在捷克斯洛伐克、英国、法国参加国际电影节。在第12届卡罗维发利国际电影节上获得“传记片奖”。

受冲击 五年上下求索

赵丹主演的电影《李时珍》和《海魂》先后获得了巨大的成功，得到了中央领导同志和全国观众的认可，这位30年代的电影明星重新放出了熠熠光彩，他的艺术创作进入了又一个振奋时期。同时，他的政治热情也得到了上级的肯定，1957年反右以后，赵丹作为高级知识分子，被正式吸收为中国共产党党员。而1959年，在10部“国庆十周年献礼影片”中，赵丹一个人就有两部：《林则徐》和《聂耳》，同时，这两部影片又获得了“文化部优秀影片奖”。正在赵丹对事业充满了热诚、对未来抱有无限信心和美好向往的时候，经过1959年的反右倾运动，中国的文艺创作思想又经历了一次不小的冲击，让赵丹这位痴迷艺术的电影表演艺术家跌入迷茫之中。

1960年，上海市委书记柯庆施硬是把赵丹他们从摄影棚里拉出来，放到了所谓“滚滚的革命洪流”中去，要求他们努力去表现当代题材的先进人物，并分配赵丹主演电影《风流人物数今朝》中大搞技术革新的青年工人高海林。这部影片由天马电影制片厂和海燕电影制片厂联合拍摄，编剧：费礼文、艾明之。导演：赵明、蒋君超、俞仲英。主演：赵丹、齐衡、张伐、白穆、王丹凤。

赵　丹

影片《风流人物数今朝》是狂热的“总路线”“三面红旗”的产物，在艺术上是不足取的，完全是为了完成一项配合“总路线”的政治任务，图解了“三面红旗”的口号，无视、歪曲了科学规律和艺术规律，演职人员是硬着头皮拍完的。但是，这样的影片在当时居然被大为赞赏，而赵丹当年主演的《武训传》真的是呕心沥血，用足了功夫，却遭受批判，毫无道理。赵丹不理解了，这究竟是怎么回事？

早在1959年底，周恩来总理在北京医院的病床前把赵丹、沈浮、张骏祥、陈鲤庭、郑君里、陈荒煤、张瑞芳叫到身边，对他们认真讲述了“调整、巩固、充实、提高”八字方针的内容和意义。12月31日，周恩来总理又约请陆定一、周扬、夏衍、陈荒煤、郑君里和赵丹，在新建成的人民大会堂座谈他刚刚看过的“国庆十周年献礼影片”《聂耳》，给予了充分的鼓励。但是，上海市委书记柯庆施和张春桥等人根本不予重视，甚至不许他们传达周恩来总理的意见，一味地在上海大刮“共产风”，在文艺上提倡“写中心、演中心、唱中心、画中心”。

1961年，赵丹又接到了导演影片《常青树》的任务。这是一部“写钢铁、唱钢铁、演钢铁”的概念化影片，写的是：

在上海的一家钢铁厂，洪永祥老师傅在党的教育下，在党委书记的大力支持和鼓励下，带动工人们动脑筋，想办法，克服官僚主义和保守思想，提高了钢铁产量，要像常青树一样，为党为人民做出更大的贡献。导演赵丹觉得生活不是这样的，但他不能说，也不敢说，尽管赵丹想尽了办法，但影片拍出来还是觉得太虚假、太概念。赵丹又一次困惑了。

就在这个时候，一个振奋人心的消息从北京传来了，文化部计划要拍摄影片《鲁迅传》，预定在1961年9月，鲁迅先生诞辰80周年之际公映。前期筹备的任务交给了陈鲤庭。赵丹振奋了。他曾经在1960年就向陈鲤庭毛遂自荐过，他要演鲁迅；回到上海，他也向组织上申请过，他要演鲁迅。果然，1961年初，文化部和上海电影局确定建立重点影片《鲁迅传》筹备组，由陈白尘、叶以群、柯灵、陈鲤庭负责编写剧本上下集，陈鲤庭任导演，于伶担任历史顾问，赵丹饰鲁迅，于蓝饰许广平，蓝马饰李大钊，于是之饰范爱农，孙道临饰瞿秋白。

演鲁迅，是赵丹梦寐以求的事情，如今梦想成真，赵丹兴奋得像个孩子一样，浑身的筋骨都舒张开来了，简直就像变了一个人。他一头扎进上影厂的服装仓库，去寻找鲁迅穿的衣裤鞋袜，然后，他穿着“鲁迅的衣裳”回家了。回到家里，他把自己唯一的一张写字台改成了“鲁迅的书桌”，摆上了文房四宝和八行红格纸，从此开始只用“金不换”毛笔写字，抽香烟一直抽到根子，用小酒盅喝绍兴黄酒，别的酒再也不喝了。

影片《鲁迅传》摄制组包下了瑞金一路150号上海电影制片厂招待所的一些房间。从北京来的蓝马、于是之、于蓝等主创人员齐聚上海，他们畅谈如何扮演历史人物，如何塑造鲁迅的形象。当时周扬定了个调子：“不要把鲁迅的起点写得太高。要把他写成个文学家，不要写成个政治活动家。”赵丹十分接受周扬的意见，他认为自己的形象气质与“政治家”太不对路了。他在自己的笔记本上写道：“无论如何不能抱着主席夸赞鲁迅的几个伟大去创造角色，那就糟了，必须忘掉那几个伟大。”赵丹的这句话不过是演员如何进入角色的一个技巧与途径，与对领袖的尊重与否是毫无关系的。但是，在后来的“文革”中，赵丹因为这句“反动透顶的话”，险些被活活打死。

《鲁迅传》筹备组也曾组织主创人员去鲁迅的家乡绍兴体验生活，从百草园、三味书屋，到划乌篷船、听社戏、偷豆子、糊风筝，访问了昔日闰土的后人，走遍了绍兴的山山水水，赵丹把鲁迅从小到老到死所有的遭遇和故事都在脑海里像过电影一样，过了一遍又一遍。回到上海，他又大胆地去访问当时的“右派”、上海评弹团以评书《绍兴师爷》闻名的张鉴庭老艺人，拜他为师，从绍兴的人文历史入手，从文化的视角理解鲁迅，认识鲁迅，扮演鲁迅。赵丹说，只有这样，我才能做到举手投足、言语顾盼只属于鲁迅，而不是别人。

自从上海电影制片厂成立《鲁迅传》摄制组（筹），赵丹接到演鲁迅的任务，他就常常穿着鲁迅的服装，出入上影厂和家里，时刻模仿人物的形态姿势，琢磨人物的语言习惯，熟练人物的吸烟动作，而胡子也是留了又剃，剃了又留的。

可是，赵丹万万没有想到，“《鲁迅传》摄制组（筹）”中的一个“筹”字，却是莫名其妙地永远“筹”下去了，他没有等到影片开拍的日子，就这样不了了之了。

在“大写十三年（1949年至1962年）”的极左口号中，《鲁迅传》下马了，所有历史的、革命史的、传统戏曲的、神话故事的、民间故事的题材统统地被迫“下马了”。“大写十三年”变成了“只写十三年”。上海市委第一书记柯庆施与张春桥、姚文元等人还组织了全面批判和无情打击，一面怂愚诱骗巴金、周信芳、瞿白音等作家艺术家“解放思想，知无不言”，一面让姚文元组织一些御用文人横加挑剔，罗织罪名，硬把学术争论说成是政治问题。就在这个时候，中国文艺创作就已经出现了公式化、概念化、唯题材决定论、政治第一和阶级斗争工具论等极左思潮，致使如赵丹这样的艺术家们无所适从，陷入了左右为难的尴尬境地。

正当赵丹为影片《鲁迅传》迟迟不能开拍而十分沮丧，创作思想陷入迷茫与混乱的时候，1963年，柯庆施亲自下任务，要赵丹导演并主演电影《青山恋》。

《青山恋》是一部现实题材的影片，写的是复员军人、林区老工人路春带领一群知识青年，艰苦奋斗建设林区的故事。由海燕电影制片厂摄制，编剧艾明之、赵丹、徐韬、钱千里，导演赵丹、徐韬、钱千里，执行导演钱千里，主演赵丹、高博、祝希娟、黄达亮。这个戏的主题思想，是经上海市委通过了的，作为图解主题思想的主要人物，也是经过市委而确定了的，当赵丹、徐韬、钱千里和艾明之到江西、福建的林垦区“下生活”，改编剧本，他们看到的情况是特意布置而“拔高”的一片大好形势。尽管实际生活中他们也遇到了一些生动有趣的人和事，但是，由于害怕“歪曲无产阶级人物形象”，所以只能弃之不用，不敢越雷池半步。

就这样，赵丹他们带着沉重的政治压力，带着许多条条框框和种种“禁区”，浑浑噩噩地到林区去拍《青山恋》了。这种凭借政治概念和主观意志到生活中去生搬硬套，这种按图索骥或削足适履的创作方法，一定是搞不出好的艺术作品的，《青山恋》在艺术上的虚假和惨败，深深地刺痛了赵丹的心。当他们与林区知识青年们相处熟悉了之后，理解了他们经历的风风雨雨、酸甜苦辣，知道了他们的追求与梦想，艺术家们被感动了，而知识青年们也很希望电影艺术家们在银幕上反映他们的远大志向，反映他们遭遇的种种困难和种种思想矛盾。可是，赵丹他们为了表示所谓坚定的无产阶级立场，歌颂社会主义的优越性，只好采取熟视无睹、充耳不闻的态度，昧着良心，一味地讴歌盛世、粉饰太平了。赵丹后来回忆自己导演、主演的影片《青山恋》，他的心情依然是沉重的。

可见，文学创作不要为一时的政策服务！因为时间久了情况变了，政策也可能发生变化，到那时再检验作品，可能会出毛病，或者产生什么别的作用。

我是有经验教训的。1964年拍《青山恋》，目的是要歌颂知识青年在农村的幸福生活。先到江西某地拍外景，到一个知青点短期进行所谓“三同”（同吃、同住、同劳动），看到的情况都是特意预先给我们布置好了的。

后来，我们自己挑选了没有经过他们布置的农村，真正看到了知识青年的生活状况，充满忧患和痛苦。我很难过，并深深感到内疚。拍《青山恋》，是做了违心的事，我的良心受到谴责！这是教训！我发誓，绝不再做违心的事！

……

我有时想，这种报喜不报忧，只能歌颂不许批评的生活态度，长此以往养成习惯，社会还怎么进步呢？这种主观主义唯意志论的创作方法，只能导致艺术上的虚假、枯萎、凋零。这不仅是方法上的错误，而首先是政治上的堕落，是灵魂上的腐朽。这哪儿是一个真正的作为民众代言人的艺术家、灵魂工程师应干的事呀！我暗自感到羞愧，痛苦……

即使如此歌功颂德，赵丹仍然没有幸免“左派”的恶意挑剔。江青看了影片《青山恋》，破口大骂赵丹他们是在宣扬“以情感人”的“人性论”，是宣扬阶级调和论，在路春（赵丹饰）这一人物的身上复活了“武训”精神，是“武训”的幽灵再现，丑化了老干部。

1960年至1964年的五年，在“左”的思潮冲击下，赵丹曾一度迷失了艺术创造的方向与方法，在迷茫中上下求索，苦苦挣扎，却仍然挣脱不了“左派”的横加指责，被罗织了许多罪名。赵丹所自责的拍《青山恋》是做了违心的事情，感到痛苦和羞愧，正是集中反映了他这五年的心境。

许云峰 走向表演顶峰

刚刚拍完电影《青山恋》，文艺界“左”的阴影还没有散去，赵丹的思想还处于一片混乱，创作上莫衷一是的时候，他接到了于蓝从北京发来的一封信：

阿丹：

久违了！上次《鲁迅传》没有拍成，实是憾事。

今又有了个合作的机会：夏公已将小说《红岩》改编成了电影剧本，交北影拍摄。由水华导演，朱今明摄影，我饰江姐。只是许云峰一角，汪洋与水华几乎选遍了全国，还未定下一个。朱今明建议由你演，我们也认为此角由你演最合适。只是怕请不动你，因为剧本中江姐的戏多了些，许云峰还不是最突出的角色（当然拍摄过程中还可以加强他的戏），不知你肯不肯来。

若你能屈尊前来，定能使《红岩》大为增色，我们各方面也会大受裨益。大家热切地盼你能来。翘首等待你的佳音。

于蓝×月×日

读罢此信，迷茫中的赵丹喜出望外，顿时热血沸腾，没有任何犹豫，他铺开信笺，挥笔回复：

于蓝：

非常高兴地接到了你的来信。

请告诉汪洋，我很愿意与你、水华、朱今明等君合作拍摄《红岩》。

定下后速告。

紧握！

阿丹×月×日

夏衍创作的电影剧本《红岩》，就是后来轰动全国，影响了几代观众的不朽影片《烈火中永生》。赵丹短短的回信，决定了他电影表演艺术最后高峰的到来，而他万万没有想到的是，《烈火中永生》竟然是他一生拍摄的最后一部故事片；许云峰，是他塑造的最后一个银幕形象。

《红岩》摄制组抵达重庆外景地后，1964年4月，赵丹离开上海，坐火车到达汉口，又乘船逆流而上，重又回到了他阔别19年的重庆山城，住进了摄制组所在的宾馆。根据工作日程的安排，于蓝来请赵丹随大家一同去中美合作所，参观白公馆、渣滓洞等当年国民党反动派关押共产党人的监狱，没想到，赵丹竟拒绝了。当初，他欣然接受饰演许云峰，除了想演戏，演一个好戏外，他还想了却一个心愿，那就是：1945年，赵丹走出了新疆盛世才的监狱，五年非人的折磨，五年铁窗的苦难，让他终生不忘，他立志要用自己这五年难忘的亲身经历，塑造一位"铁窗英烈"的形象，虽然他在《丽人行》中饰演的革命者"章玉良"也算是一个，但是戏不多，不过瘾。这次扮演许云峰，他认为是一次机会，应该了却心中的夙愿了。可是，当他真正踏上重庆的山路，面对监狱，面对他熟悉的非人的"地狱"，他突然跌入了痛苦、屈辱、不堪回首的往事之中，他不愿意再去揭苦难的伤疤，更不忍面对昔日阴冷、恐怖、残暴的"人间地狱"。一向敬重赵丹的于蓝没有再说什么，默默离开了宾馆房间。后来，《红岩》的小说作者之一罗广斌向他具体描述了中美合作所、白公馆、渣滓洞的环境，赵丹忽然意识到，要演好许云峰，不熟悉环境是不行的，同样是监狱，白公馆、渣滓洞一定与盛世才的监狱有所不同，他必须去亲自体验。没等罗广斌说完，赵丹就拉上他一起去了中美合作所，深切地体验了白公馆、渣滓洞的黑暗、恐怖与敌人的阴险、残暴。

当展览馆的讲解员讲到江姐被竹签钉进了十个手指头、杨虎城将军一家大小被残酷地杀害、大批共产党员明知新中国就要成立，胜利和幸福就在前面，但是，没有撤退的命令，他们依然坚决地与敌人斗争，慷慨赴死，英勇就义，赵丹再也平静不下来了。回到宾馆，他夜不成寐，联想到自己的狱中生活，联想到许云峰、江姐宁死不屈的人物形象，他渐渐地从角色身上寻找自己的影子，又从自己身上寻找角色的影子。赵丹仿佛看到了许云峰就站在自己的面前，他的思想境界，他的言谈举止，他的气质风度，他的音容笑貌逐渐清晰起来，简直可以与自己进行对话了。赵丹仿佛找到了许云峰非同寻常的性格亮点和贯穿动作，特别是最后的一场戏，许云峰不应该以慷慨激昂、英勇赴死的形象树立在观众面前，而应该是以嘲笑敌人、走向胜利作为形象完成的高潮，这样，才是真正的许云峰，而不是观众司空见惯的英雄形象。抑制不住内心的激动，赵丹找到导演水华，要求捉住演员表演的最佳状态，立即开机拍摄，可是，却因为服装、布景等准备工作尚未完全到位，无法开机，赵丹只能将对角色的理解深藏在情绪的记忆里。

当角色化成了演员自己，当演员自己又化成了角色，表演“从自我出发”是唯一正确的。赵丹提醒自己切莫“表演人物”，他说：

我记得当我一抵拍摄现场时，我几乎已经是生活在那个嘈杂、零乱、糜烂、阴霾潮湿低压的历史年代的重庆了。这样强烈的感染，非常有助于我改掉“表演人物”的坏习惯。在那样的生活中，街上的每个人都极其自然地活动着，如果你再不与之同流、和谐，使自己成为人群中的一员，是会感到羞愧的。如果你自以为是个什么“英雄人物”，或是一个什么“大演员”或……总之，如果有一点点做戏的痕迹与自我意识，都会感到自己不是属于这个世界的人，而是来自另一个什么星球上的怪物了。

有了深入的人物分析和生活体验，电影表演艺术最佳状态的“下意识动作”自然而然地出现了。比如与甫志高咖啡馆会面的一场戏，这场戏事先并未排练，动作也未事先设计：镜头由甫志高的近景拉开，出现许云峰。二人面对面坐着，已经谈了一阵子，桌上的烟灰缸里堆满了烟头。甫志高有一两段较长的台词，许云峰只寥寥几句，却充满了内心独白和潜台词。当甫志高埋怨“党不信任他”时，赵丹为角色找了个表现内心激动的动作。试拍的时候，赵丹是这样演的：许云峰正要拿起咖啡杯喝咖啡，听到甫志高埋怨的话，他突然停了一下，然后再喝下咖啡，说出了最后的几句台词。可是到了实拍的时候，赵丹完全入戏了，感觉不是在演戏。当甫志高说出埋怨的话，刺激了许云峰，他打心底里感到他的卑下而担心他会出卖同志，于是，他刚刚要喝咖啡，端着杯子的手，突然停下不动了，右手拿着的小匙，“当啷”一声落在杯子里，然后，尽量克制自己的情绪，边搅咖啡，边说出最后的几句话。赵丹的这一下意识动作完全改变了试拍时的设计，即兴的表演获得了导演和对手演员的赞许。赵丹事后说：“我的自我感觉是极好、极好，觉得那几句话就好像是我自己写出来似的，非如此说不可。”

还有一例是：许云峰茶楼被捕。许云峰约李敬源在茶楼商谈甫志高的事，并分析形势。不料甫志高已经叛变，并领着一群特务来逮捕许云峰了。许云峰为了掩护同志，牺牲自己，从容走向了敌人。当特务们正要登楼抓捕许云峰的时

影片《烈火中永生》剧照

候，赵丹已完全进入了角色，下意识地抢先几步，出现在了楼梯口，不待特务动手，他就从容地一步一步走下楼梯，随他们去了。赵丹“一步一步下楼的戏”成为了一个经典动作。谢添跟赵丹开玩笑地说：“奇怪啦！为什么凡是下楼的戏，总是最够味儿的戏……你的许云峰的下楼梯也是最有味儿的戏，一辈子也忘不了。我下次也一定下个楼梯。”这就是角色的“下意识动作”，由于赵丹熟悉当时的斗争环境，把握住了许云峰的思想境界和性格特点，这个“下意识动作”的表演，便很好地表现了许云峰沉着应战、视死如归的风度气质，因而具有了艺术的魅力。

赵丹在《烈火中永生》扮演许云峰，还运用了电影表演“挪借感情”的方法。比如：许云峰与华子良相见，二人的心情非常复杂，情绪非常激动。赵丹想起了自己在新疆盛世才的监狱里，听说盛世才要离开新疆了，临走前要“炸狱”，正在这时，牢房铁门上的小洞口被打开了，赵丹一看，原来是四年未见面的徐韬、王为一、朱今明。徐韬蓬乱的头发，长长的胡须；王为一满脸的络腮胡，一双深陷的大眼睛；朱今明瘦削得变了形；三人脸色蜡黄。大家相对无语，也不哭，也不会哭了，只是彼此用手抓着，摸着彼此的脸……此时，赵丹以许云峰的身份见到华子良说出自己的身份，他眼前再现的就是那一天在新疆监狱铁门的小方格里见到徐韬他们的情景，那种情绪说不出是什么滋味，说不清，道不明，演员单凭想象是演不出来的，那种情绪只是一种感觉，很复杂的感觉。赵丹运用电影表演"挪借感情"的方法，成功地表现出了许云峰见到华子良的复杂心情和激动。那一个拥抱，闪现出的是一场人类至高至纯的患难与共的情景。再比如：严刑拷打，智斗看守，难友互相帮助，等等。但是，赵丹对于"挪借感情"的表演方法是慎用的。他说："所谓挪借，当然不能是完全以演员自己的生活经历来替代角色的经历与感情。因此这挪借的本身，即包含着演员的想象、归纳与改造的因素，这就是演员的再创造。"

许云峰与徐鹏飞"地窖"一场戏，是影片《烈火中永生》的一个经典场面，也是赵丹现实主义与浪漫主义相结合的表演风格的集中体现。在一些话剧演出中，我们看到了许云峰通常是慷慨激昂、大义凛然的，着力表现他作为胜利者的自豪感与英雄状。但是，赵丹没有这样表演，他从角色的体验中感觉徐鹏飞此刻是绝望中的挣扎，而许云峰的任务是要把他的最后这点幻想与安慰的精神支柱给拆了，识破他，揭穿他。因此，赵丹没有运用过高的声调，而是故意压低语调，句句打在他的灵魂深处，字字刺进他的心窝，从心底里说出："城市可以炸平，人可以杀掉，但是中国革命的胜利局面，是永远也不会改变了。"然后反问他："此时此地你的心情又将如何呢？"待到徐鹏飞还想饶舌的时候，许云峰打断了他，自己提着沉重的脚镣往石级上走去，突然又一个回身，用全剧中从未用过的最强烈、最爆发的声音命令徐鹏飞：“走！带路！”

1965年，影片《烈火中永生》在全国公映，引起轰动，赵丹饰演的许云峰令观众敬仰、爱慕。有评论说，许云峰的银幕形象将赵丹的电影艺术生涯推向了前所未有的高峰。可是，在影片公映之前，也曾经有过一个不甚和谐的小插曲。那位平步青云成为“第一夫人”的权贵、赵丹昔日的同仁江青要调看影片。

那一天，在北影厂的小试片室里，导演水华、主演于蓝等陪同江青观看影片《烈火中永生》，试映完了，江青冷冷地说：“阿丹的气质，根本不能演这个戏，简直像个疯子，糟透了！坏极了！”顿时，周围的人连大气都不敢喘。江青又对面

影片《烈火中永生》剧照

前的于蓝说："你英气不够，顶多像个小学教师！"于蓝怯生生地望着她，导演水华惊呆了，在一旁的田方、谢芳也都屏住了呼吸，不敢吭声。江青一面往外走，一面说："好吧，拿出去让群众批判好了。"

江青这一棍子打下去，电影界一个个噤若寒蝉了。《烈火中永生》的编剧夏衍与导演水华，刚刚在影片《革命家庭》中获得最佳电影编剧奖。这次的《烈火中永生》主演是大名鼎鼎的赵丹和于蓝，郭沫若还专为片名题了字，周扬、林默涵、徐平羽对该片也倍加赞赏，这样的影片怎么会"糟透了！坏极了！"呢？可是，被江青这么一棍子，不要说文化界名人个个绝口不提了，就连《人民日报》《光明日报》正在付排的评论文章也都"撤"下来了。

这件事，很快引起了周恩来总理的关注，他立即召集摄制组主创人员和一些著名的文学家、艺术家一起观看《烈火中永生》。观后，周总理没有首先发言，而是让大家先评头论足。在场评论家和摄制组的人纷纷评说："英雄有多种多样，刘胡兰刚烈、英气十足，江姐则朴实、坚毅，有什么不可以？""江姐越是质朴，越值得尊敬。""阿丹饰演许云峰，是有生活的，他自己就坐过反动派的监牢。"导演水华忍不住了，他说："许云峰的几场戏，阿丹和朱今明他们研究了多少次才拍的，摄制组集体讨论过，大家觉得阿丹演得生动感人，恰到好处。"田方对总理说："几位日本朋友看了此片，都说感到很新鲜，很感人，很有特色。"

听了大家激愤昂扬的发言，周恩来总理笑着对水华、于蓝、田方说："你们是对的！你们胜利了！"总理的一句话让导演水华、主演于蓝深深地舒了口气。周总理最后提了一个建议："全国解放了，重庆还被敌人占据着，我们的同志，为了最后的胜利，在黎明前的黑暗里慷慨捐躯，影片的感人之处就在这里，因此我建议再加'就义'一场戏。"

北影厂领导采纳了总理的意见，摄制组立即发电报给早已回到上海的赵丹，召他来补戏。可是，电报、电话、信件都联系了，却迟迟不见赵丹的身影。原来，上影厂正在奉命整风，赵丹成了整风的对象。赵丹，活泼、幽默、爱说，好动，这样的一个艺术家，在那个政治生活极不正常的年月里，要想整他的人何愁抓不到“小辫子”。欲加之罪，何患无辞。

1964年12月，赵丹作为人民代表，出席了在北京召开的全国人民代表大会三届一次会议。会议闭幕后，赵丹正要去北影厂“补戏”。江青把他“请”到了人民大会堂山东厅，同时被江青召见的还有崔嵬。江青先是和赵丹“套近乎”，说他们都是山东人，所以在山东厅会见，此时，又来了一个山东人，康生。然后，康生和江青一唱一和地向赵丹、崔嵬传达了毛泽东主席在《中央宣传部关于全国文联和所属各协会整风情况报告》上的第二次批示，康生冷冷地说，你们电影界同样如此，有些人热衷于资产阶级、封建主义的东西，电影《早春二月》《舞台姐妹》《北国江南》《逆风千里》等等，问题很严重。江青接着说，简直是牛鬼蛇神充斥了银幕和舞台，什么《林家铺子》《不夜城》《红日》《革命家庭》《兵临城下》《球迷》，还有你拍的那个《聂耳》，通通都是大毒草！整个文艺界基本上是被“死人”控制着。康生更是凶狠，不紧不慢地说，当然，问题不全在你们身上，两年前，广州就有个黑会嘛！

赵丹和崔嵬的心，不禁紧了一下。那是1962年3月，文化部和中国剧协在广州召开的全国话剧、歌剧、儿童剧创作座谈会，周总理和陈毅元帅专程赴会，并作了重要讲话，还有茅盾、齐燕铭、田汉、阳翰笙、老舍、曹禺、林默涵等都是在会上发了言的，这个会在全国的文艺界传达过，影响很大，他们怎么能随便说成是“黑会”呢？看来，一场文化艺术界的腥风血雨就要到来了。

江青最后说，阿丹、崔嵬，你们在全国文艺界是有影响的人物，你们要赶快站到无产阶级的立场上来，站到毛主席一边来！今天给你们俩打个招呼，要记住！文化领域里的这场斗争是残酷无情的，是你死我活的！

赵丹和崔嵬不觉相视了一下，顿时冒出了一身冷汗。

出了人民大会堂山东厅，赵丹"惊魂未定"，立即赶往北影厂为《烈火中永生》"补戏"。机器开了，他和于蓝扮作许云峰和江姐被押出牢房，互相搀扶着，站稳了双脚，手挽着手，大义凛然地向山坡顶上的"刑场"走去……

赵丹不仅完成了许云峰视死如归的"就义"一场戏，也在自己的心里坚定了一个信念：他们要想否定周总理，否定与自己曾经患难与共、生死战斗的文艺界老前辈，否定中国电影，甚至否定新中国电影的伟大事业，他是绝对不能妥协的。即使在这场风雨中粉身碎骨，如许云峰一般走向刑场，他也不会动摇这个信念。

"文革"起 缘何秘密抄家

1966年4月，中共中央政治局常委会批准建立新的"文化革命"小组，陈伯达任组长，江青、张春桥任副组长，康生任顾问。这是十年"动乱"中的"怪胎"。这个"怪胎"的权势不断膨胀，不可一世，完全可以凌驾于党政军、公检法之上，从此，全国的政治、经济形势被他们搞得越来越乱，越来越糟。

中央"文革"小组一声令下："横扫一切牛鬼蛇神。"一大批党政军的领导干部、专家、教授、高级知识分子成了众矢之的，通通被斥为"牛鬼蛇神"，被"打翻在地，再踩上一只脚，永世不得翻身"，陷入了他们所谓的"无产阶级专政"的汪洋大海之中。赵丹是电影明星，是大艺术家，是高级知识分子，月工资360元，在电影界名声最大，自然在他们眼中是文艺界最大的"牛鬼蛇神"，于是，"革命造反派"给赵丹安上了一个莫名其妙的"头衔"叫"混世魔王"。揭批"混世魔王"的大字报从上影厂一直贴到赵丹的家里，一路铺天盖地，势同狂风暴雨，什么"30年代就炮制了几十部黄色的反动的电影"，什么"40年代被反动军阀从监狱里释放出来，不是叛徒，就是内奸"，什么"50年代又炮制了反动透顶的《武训传》"，什么"解放17年，专门为古人、死人树碑立传，是资产阶级文艺黑线的‘魔王’‘四条汉子’的黑干将”，等等。不仅从政治到艺术彻底否定了赵丹，而且在生活上也极尽“诬陷”之能事，从与周璇的关系到出门坐小车，坐飞机，睡软床，放荡不羁，腐化堕落……造反派们在赵丹面前耀武扬威，把他当成了“造反有理”的活靶子。接着，一群一群的戴着红袖章的“革命造反派”闯进了赵丹在上海湖南路8号的家里，他们翻箱倒柜，又打又砸，把赵丹与黄宗英珍藏的书籍、手稿、剧照翻腾得满地都是，然后又包扎成捆，贴上了封条。

忽然，有一天夜里，一群神秘人物闯进了赵丹的家里，撕去了这些封条，又把这些书籍、手稿、剧照“清洗”了一遍。黄宗英后来回忆：

1966年10月上旬某夜，没听到砸门声、楼梯响，突然有一组自称“红卫兵”的人闯进我们卧室。带队的是近四十岁的中年人，肤色白皙，说普通话偏山东口音。整夜至天亮，只这一个人说话。这些人动手对赵丹和我进行搜身，并撕去海燕电影厂造反组织抄家后贴在书橱、壁柜上的封条。我大喊：“来人啊，有人撕革命组织的封条……”他们就把我和赵丹押到隔壁客厅。过后得知，对我母亲、孩子及保姆都搜了身，连厨房糖缸、盐罐和阳台、烟囱，每个角落都查过。因我继续叫喊，由白脸人看管、训话。查抄时，是以一个近三十岁、穿一身旧军装、没领章帽徽、中等身材、结实、黑肤色的人为主。这些人翻箱倒柜，注意的是信件、书、画报等文字材料，连钢琴里面、镜框芯里都不放过。男女青年迅速地一页页查书，线装书每个中缝都用竹片挑开查看。他们见有字的纸张、照片就收。

这些人在天将亮时离去。经检查，所有赵丹的、我的笔记、来往信件、稿件、照片统统没有了，一张有字迹的纸片都不留。奇怪的是，唯独一大纸袋里放的全部是赵丹写入党自传时的材料，白脸人曾很仔细看过，此时倒端端正正放在桌子中间。

赵丹当时愣住了。他后来对我说："来的肯定是秘密警察，用的是法西斯特务的一套，像新疆盛世才一样，留下我的自传，是暗示我，运动中只交代自己的问题，不要涉及其他的人和事。"

赵丹的判断没有错。来人真的是一批"秘密警察"，他们的指令来自北京。"文革"起，一直被中央"约法三章"压制的江青早已经按捺不住了，中央"文革"小组第一副组长的显位，燃起了她由来已久的勃勃野心。为了清除将来"仕途腾飞"的一切障碍，她想到了30年代在上海影剧界的一批"熟人"。赵丹当年就是大明星，名气最大，对江青知根知底，被江青视为最大的危险。于是，江青找到了"林副统帅"的夫人叶群，与叶群有了"君子协定"：相互帮助清除对方的障碍。叶群约见了吴法宪，研究了一整套方案。吴法宪把这个"秘密任务"交给了南京军区空军副政委江腾蛟。1966年10月9日凌晨，上海空军派出五路便衣，同时对赵丹、郑君里、陈锂庭、顾而已、童芷苓五家进行了疯狂的抄家。黄宗英记下的正是那次"秘密抄家"。

虽然，"秘密警察"们无功而返，赵丹的境遇却没有能够好起来，反而越来越糟。赵丹的脖子上被挂上了打着红叉的"混世魔王"的牌子，被"革命造反派"揪上了"批斗台"。大会小会，白天黑夜，赵丹在上影厂被批斗得直不起腰来。在那个疯狂的年月，文明被践踏，理性被蹂躏，没有人敢为赵丹说一句好话，更让赵丹无法忍受的是，半夜三更闯进家里来一群"红卫兵"，他们曾经十分仰慕银幕上的大明星赵丹，现在却闯进他的家门，揭批"混世魔王"，还私设公堂，大打出手……

赵丹家住湖南路8号的一层楼，"革命造反派"看不下去了，又一次向赵丹发起攻击："牛鬼蛇神怎么配住这么大的房

赵丹与夫人和孩子

子，我们无产阶级革命群众是可忍，孰不可忍！”于是，赵丹被扫地出门了，一家人被挤进了一间半房间里。

白天在上影厂挨“批斗”，晚上一家人挤在一间半的房间里，赵丹向造反派头头请假，晚上是否可以住到弟弟家里去。造反派头头没听说赵丹还有个亲弟弟，经过调查，情况属实，赵丹被允许住到弟弟赵冲的家里。这一时期，赵丹白天挨批斗，晚上却成了弟弟赵冲家里的“座上宾”。弟弟赵冲和弟媳王秀英好菜好饭地照应着哥哥，为他滋补身体，让赵丹心里感受到了亲人间的无比的温暖。赵丹记得在30年代“左联”时期，自己为剧团四处筹资演戏，是弟弟赵冲带着大洋从南通赶来上海，接济赵丹，支持赵丹；当国民党特务搜捕赵丹，又是弟弟赵冲带着他东躲西藏，躲过了一次又一次的灾难；而当赵丹名声大振，成为大明星的时候，弟弟赵冲生怕打扰哥哥，不仅不沾他的光，反而默默地把老父亲接到上海家中，为其养老送终。赵丹十分感激弟弟一家，心情也舒畅了许多，回家看孩子时，又有了笑声，进“牛棚”时，和那些做了“牛鬼蛇神”的昔日好友谈天说地，不免又流露出“大孩子”的顽皮与幽默。同“牛棚”的郑君里、张瑞芳悄悄地提醒他，事情并没有那么简单，不要太天真了。

果然，《红旗》杂志发表了姚文元的文章《评反革命两面派周扬》，肆意篡改了30年代以来党领导的文艺运动，点名批判了赵丹当年的直接领导夏衍、田汉、阳翰笙、于伶等人。紧接着，公开发表的《林彪同志委托江青同志召开的部队文艺工作座谈会纪要》全盘否定了从30年代到新中国成立以来党领导文艺的一切成就。《人民日报》发表两报一刊编辑部文章《沿着十月革命开辟的道路前进》，提出了“对资产阶级实行全面专政”的口号。全国又一次“乱”了起来，上影厂的“牛鬼蛇神”们重新被拉了出来，审讯、批斗、隔离审查接连不断，赵丹又一次一次地被批斗，被殴打，要他交代更加严重的问题，直到他被打得昏死过去。

1967年12月8日早晨，赵丹被一辆黑色的轿车从家里接走，一上车，他就被蒙上了双眼，轿车一路前行，赵丹被送进了监狱。

从“秘密抄家”到被送进监狱，赵丹经历了无数次的“被批斗”“被抄家”“被审讯”“被殴打”，这一次，他的思绪更加混乱了，自己是一名共产党员，是全国人大代表，是党培养起来的一名革命文艺工作者，为祖国、为人民创造了几十个舞台银幕形象，还多次扮演过国民党反动派监狱中的革命者，而现在，他怎么会被关进了共产党自己的监狱呢？

其实，赵丹不知道，如同那次“秘密抄家”一样，那个黑影一直在缠绕着他，与他几乎同时被送进监狱的还有郑君里、顾而已、贺绿汀等18人，这些人都是30年代在上海与江青共过事的人，江青污蔑他们为“特务、叛徒、历史反革命、黑线人物”等，对他们进行了从肉体到精神的摧残与迫害。

这年，赵丹52岁。

陷囹圄 不堪百般凌辱

1967年12月8日，赵丹一上那辆黑色的轿车，就被蒙上了眼睛，车子一路颠簸，一路摇晃，不知道走了多少路，拐了多少弯。当轿车停下来，赵丹被推进了一间黑屋子，摘掉了眼睛上的黑布，赵丹这才看清，这里是一座地牢的牢房。头顶上刺眼的电灯，墙角凌乱的稻草和简陋的床铺，一只便桶歪在一边，地上还有尚未褪去的斑斑血迹，这一切，太熟悉了。赵丹在新疆住过这样的牢房，在重庆的渣滓洞，为了拍电影，他也“住”过这样的牢房。他这才明白这场运动并不是搞一搞大批判，斗一斗“牛鬼蛇神”就罢了，而是活生生地将自己关进了地牢。他思想很乱，似乎已经分不清这是演戏，还是真实的生活。当然，他更愿意相信是前者，因为演戏毕竟是让人快乐的事情，而后者却不免让人毛骨悚然了。

“革命造反派”是以借口“赵丹还有重大的问题没有交代”而把他关在这地牢里的，并且成立了专案组。

地牢里常年见不到阳光，没有新鲜空气，伙食很差，赵丹一天天消瘦下去，久而久之，地牢里的生活把他折磨得只剩下一副骨头架子了。忽然有一天，地牢的门被打开了，赵丹被提到了一个批斗会上，刺目的阳光，灼热的空气，饥饿得无力支撑的赵丹，终于站立不住了，一下子倒在了地上。就这样，他们仍然不肯放过这个“混世魔王”，由两个造反派的人架着他开完了批斗会。

不久，赵丹被转移到了地面上的牢房，这里是一个原先的少年教养所，赵丹认识这个地方。20年前，拍摄电影《丽人行》，赵丹扮演革命者章玉良时，这里，就是关押章玉良的地方。如今，他真的被关了进来，既不是革命者，也不是演员拍戏，而是一个被定性为“反党、反人民、反社会主义”的“混世魔王”。

这是一座正规的监狱，铁丝网、高墙、铁栅栏、全副武装的哨兵，一应俱全。赵丹是文艺界资产阶级黑线上的重要人物，当然是“要犯”，于是，他被关进了一个单间。这里有严明的狱规，看守宣布完了各种各样的狱规以后，赵丹从此就成了“139”，这里没有人再喊他赵丹了，更没有人亲切地喊他阿丹，而只能喊“139”了，这是赵丹非常不愿意接受的，这是侮辱了自己的人格。

天性活泼好动的赵丹，最不能忍受的是：除了天天写检查、写交代、挨批斗，没有人说话，牢房里只有他一个人。一天，赵丹被叫到外面，让他劳动，和“194”一起扫垃圾，抬土。关押了这么久，终于可以走出牢房了，他乐坏了。这样，他不仅可以天天看到蓝蓝的天空，呼吸新鲜的空气，还可以与伙伴们说说话，聊聊天。可是，监狱有规定，所有人不许乱说乱动，只能低头劳动。可赵丹哪顾得了这些，逢人便问：“专案组提审过你吗？”“你怎么回答他们的？”“你见过张瑞芳吗？还有郑君里他们？”好景不长。穿着军装的看守发现这个“139”很不老实，又把他送进了牢房，剥夺了他劳动的权利，并且要他写检查。赵丹很沮丧。为了能够参加劳动，走出牢房，他认真地写了一份检讨报告：

我违反纪律原则，应作检讨如下：

我不该在劳动时与“194”谈话，我不该抬头走路，东张西望……我保证，此后，只要一走出这间屋，不管走到哪里，都该低头、沉默，要强制自己养成此种习惯，再不敢违反纪律和原则了，盼再给我劳动的权利。

赵丹再也没有劳动的权利了，不管他如何检讨，如何保证，根本没有人理他，就这么一直关着。久别了妻儿兄弟，一个熟人都看不见，他实在是憋气。一天，送水的来了，那身影很熟悉，仔细一看，是作家艾明之。赵丹高兴极了，艾明之是电影《青山恋》的编剧，他和艾明之一起拍《青山恋》而成了好朋友。这时候见到好友，他抑制不住激动，急忙压低了嗓门喊他，艾明之根本不敢看他，他就一边喊一边做着各种表情和动作，如哑剧表演一般，由于太过激动，动作太大，被看护人员发现了。他们把艾明之斥责一通，不许他再送水，又把他关进了牢房。赵丹后悔没有控制好自己的情绪，没有能够与艾明之说上一句话，反而害了他。他呜呜地哭了。赵丹因此又被勒令写检讨，写保证书。阴暗的牢房，寂寞的时光，让赵丹这位不知忧愁、不知疲倦的大艺术家变得十分烦躁起来。每天送来的一张《解放日报》，他从头到尾看了一遍又一遍，打发了两三个小时，其余时间只能呆坐着。忽然，他想了一个办法，把报纸的白边撕下来，撕成一条一条的纸条，分别写上“不要着急，你很快就可以出去了”“你出不去了”“你还有希望”，然后，他把这些纸条揉作一团，抛向空中，然后用手接住其中一个，如果接到的是“不要着急，很快就要出去了”，他就会眉开眼笑，如果接到的是“你出不去了”，他便又垂头丧气了。如此不断地重复，让他消遣了不少时光。看护员问他，你这是干什么？他说，这是在“抓阄”。一个中国电影界的大艺术家在这牢房里玩小孩子的“抓阄”，这让看护人员也不得不哑然失笑了。一天，他又撕了一张纸条写道：“现在这样走不请求的路，是出不去的，只有请求才能快点出去。”他刚写完，看护员来了，他慌了，急忙把纸条捏成一团，塞进嘴里，吞了下去。这一下糟了。这个电影里常见的“地下党”的动作，让专案组怀疑他有不可告人的反革命活动，于是，他们出动了全部看护人员，把每一间牢房，每一个床铺，来了一个大搜查，搜走了所有的报纸、纸片，甚至手纸也不留，而且还一个个过堂审讯，搞得十分紧张，人人自危。张瑞芳、郑君里他们怀疑，大概又是阿丹闯祸了。赵丹更是受尽屈辱，被无休止地勒令写检查，写交代，从30年代到40年代，从《武训传》到《烈火中永生》，特别是1956年，瞿白音在《电影艺术》上发了一篇《炉边夜话》，记录了当时赵丹与徐韬、刘琼、葛鑫等人开的一个座谈会，文中有赵丹肯定30年代电影话剧工作成就的言论，他为此已经写了不少交代和检查，但是，他们始终不肯罢休。这时候，他们又向赵丹发难：“你吹捧刘少奇，还要演刘少奇，你和中国的赫鲁晓夫刘少奇有什么黑关系？”

赵丹怎么也想不通：自己跟刘少奇没有什么交往啊，除了每年去北京参加人代会，刘少奇坐在主席台上，自己坐在下面，能够看上一眼，别的什么也没有啊！要说吹捧刘少奇，他当时是国家主席，说几句好话也难免。至于说想演刘少奇，那是怎么回事啊？赵丹冥思苦想，挖空心思，终于想起了一个玩笑话。1958年，上海电影局召开大会，发出“立大志，打擂台”的号召，当有人说，文化部要拍毛主席的纪录片，已经特定了演员，去北京参加学习了，爱开玩笑的赵丹说，他演毛主席，我就演刘少奇。这不过是一个玩笑话，说过也就说过了，这能算什么问题？我跟刘少奇怎么就有了“黑关系”了呢？可是，无论赵丹如何辩解，专案组非但不听，却向赵丹又抛出了一个更加耸人听闻的问题：“139”，你还攻击无产阶级司令部，这么严重的问题，为什么不交代？赵丹一惊，这又是怎么回事？当他们把一个绿色封面的笔记本放在他的面前，他想起来了，那是黄宗英和黄准从江西带回来的一个采茶戏的本子，黄宗英想把它改编成一个电影剧本，后来因为本子太单薄，基础不好，就放弃了。谁知，专案组却说赵丹当时出了几个点子，把地主改成皇帝，把地主的庄园改成皇帝的皇宫，这样一来，原本地主抢了农奴的女儿，那个女儿大骂地主，就被改成了大骂皇帝，这和吴晗的《海瑞罢官》、周信芳的《海瑞上疏》骂皇帝是一脉相承的，是同一条黑线，矛头是对着党中央毛主席的。

赵丹如同遭遇了晴天霹雳，两眼发黑，双腿打战，这是一个多大的罪名啊！他无论如何是承受不起的。但是，专案组二话没说，勒令他写认罪书。

赵丹直率而纯真的孩子气又上来了，他含泪提笔，愤然疾书：

我的面前到处是可怕的、黑洞洞的陷阱。我感到绝望了，我还有什么出路、前途可言呢？这种莫须有的事，根本就是你们的主观唯心主义的多疑，神经过敏，是你们的“以己之心度人之腹”的错误判断，都硬朝我头上来安，硬要我“自发地承认”这条“严重的罪行”，这能使人相信你们是“为了我的前途和我的儿女们的前途着想”吗？你们这样做还能让人相信“这是对革命负责与对我个人前途负责的一致性”吗？

……

赵丹既然已经绝望，也就没有什么顾忌的了。他毫不犹豫地把这“认罪书”交了上去，自然又招来了一阵疯狂的打击。然而，一个被极度扭伤，近乎绝望的心灵是无所畏惧的，却也是非常理性的。赵丹在他的《思想汇报》中，写下了这样一段话：

原来我主观地设想：清除出党，不能搞导演、演员工作了。一切政治待遇、社会职务及特殊的生活待遇等等，统统一竿子刷到底，这是毫无疑问的，因此思想上一点也不存在任何幻想。只想还可留在厂里，给一个力所能及的小小工作做，或接受群众的监督劳动等，也即是说还给碗饭吃。现在看来，这种想法仍是不切实际的了，而要被清除出电影界。

若从18岁干电影算起，我已干了36年，若从13岁干话剧算起，已经足足干了41年了，没想到，这几十年“从未真正为无产阶级、为劳动人民创作”，相反，“尽是炮制毒草，对革命事业招致无法估计的损害”，要被清洗出影剧界、文艺界，心头当然是沉痛的、辛酸的！

紧跟着而来的是一个非常现实的问题：我已经54岁了，能凭自己的体力养活自己吗？或能让我改造成为一个名副其实、光荣的工人或农民，这又将是多大的奢望啊！……又不知组织和革命群众给不给予这样莫大的恩典呢？

看得出来，赵丹这位杰出的电影艺术家身陷残酷的囹圄，对自己一生所钟爱的电影艺术事业已经不抱什么希望了，他唯一的希望就是活着出去，做一个名副其实的工人或农民。可见，狱中的生活已经把这位天性活泼、执着坚毅的艺术家折磨得完全扭曲了。眼看着“难友们”一个个出去了，被给予了莫大的“恩典”，只有自己还被关押着，没有自由，没有劳动的权力。赵丹急了，奋笔写下了：

请求诛我

一个个都放出去了，唯独还关着我。为什么党对我如此苛求？为什么毛主席的思想的恩庇，党的政策就照临不到我的身上呢？难道我和党真的有着不共戴天的深仇大恨吗？难道这一场伟大的文化运动弄到末了，原来就是弄倒我一个人？查出我“是中国电影事业的罪魁祸首”？是我一个人制定的修正主义的黑线、黑纲领吗？果真如此，杀一人而能救天下。那就请乞诛之！为革命的利益，这是太合算的事了！

……

死，对于赵丹来说，并不是不可能的事情。就在赵丹“请求诛我”之后，在上海建国西路市革委会专案办公室的一个秘密会议上，王洪文就曾说过："赵丹可以杀，如果不宜公开枪毙的话，就在关押中把他慢慢搞死。"

赵丹还活着吗？在干校劳动的黄宗英一直在抗争，她没有眼泪，没有悲哀，利用女儿赵桔要去黑龙江上山下乡的机会，向专案组提出了让女儿探监的要求。专案组忙于"专政"其他人，经不住赵桔的再三请求，他们同意赵桔前往"探监"。

同意"探监"，证明赵丹还活着。当然，探监是有限制的，不许哭，不许问，不许提任何人。赵桔在狱中见到了爸爸，把家中亲人的一切告诉了他，赵丹竟然十分木然，而当赵桔看着父亲消瘦的脸颊、枯瘦的身体和长而乱的胡须，她根本顾不得专案组看护人员的监视而失声痛哭的时候，赵丹却一反常态地大声喊起来："不要哭呀！不要哭呀！"喊声越来越高，甚至是大叫。赵桔慌了，瞪着惊恐的双眼看着爸爸，五年的牢狱之苦，难道爸爸被折磨得已经不正常了？爸爸真的不行了？赵桔带着这些疑问回到妈妈黄宗英的身边，她没有把爸爸的"不正常"告诉妈妈。

一天，一辆小轿车停在了湖南路8号门口，从车上下来的是模范知识青年的代表人物、大名鼎鼎的邢燕子，同行的还有两位女同志林丽蕴和郑凤荣。黄宗英真的不敢相信自己的眼睛，家里很久都没有来过这样的贵客了，她把邢燕子她们引进了屋里。

更让黄宗英没有想到的是，邢燕子带来了周总理的消息：周恩来总理一直都没有忘记你们，好几次问起黄宗英的情况，还指示有关部门要让赵丹的女儿赵青继续跳舞；黄宗英从干校调到厨房，当大师傅，又调到图书馆做管理员，这都是因为有了周总理的关心，上海有关部门做出的安排。真的没有想到，周恩来总理一再惦记着自己，关心着自己，黄宗英禁不住流下了激动的眼泪。

虽然，上海的最高权威王洪文曾经想“搞死”赵丹，但是，他与江青、张春桥、姚文元结成了“四人帮”，忙于篡夺党和国家的最高权力，完全顾不上赵丹这只“死老虎”。与此同时，周恩来总理尽管自己也身处逆境，但是，他却一直惦记着上海的赵丹。

不久，赵丹结束了五年零三个月的囹圄之苦，回到了上海的家里。

又五年 难言悲喜交集

一向天真烂漫、活泼好动的赵丹，经历了五年零三个月的狱中凌辱与磨难，完全变成了另外一个人：消瘦的脸颊，虚弱的身体，呆滞的目光，缓慢的脚步，整日里低着头，弯着腰，两只手放在腹前，好像仍然戴着手铐，坐在自己家里的沙发上也总是前倾着身子，一副“洗耳恭听”的样子。黄宗英看在眼里，疼在心里，孩子们也都寡言少语，没有了往日的欢笑，只有弟弟赵冲，时常提醒他这是在家里，把头抬起来，把腰直起来。赵丹也知道自己的“不正常”，也在努力地恢复常态。不久，他又变得活泼起来了，和妻子黄宗英说说笑笑，像大孩子一样跟儿子阿左、阿劲一起玩耍，讲故事，搞朗诵比赛，往日的欢乐与温暖又回到了这间斗室里，让赵丹重新感受到了这一份天伦之乐。

这年夏天，赵丹被送进了“干校”。所谓的劳动改造，其实就是接受造反派的“群众专政”。赵丹很害怕，那种摧残人的尊严和人格的“群众专政”，是他最不能忍受的。可是，赵丹万万没有想到，前来带他去干校的人竟然是好朋友严励。严励是上海美术电影制片厂的副厂长，是张瑞芳的爱人，为人极好，与赵丹的关系也非同一般。当时，严励是一个创作组的组长，要到上海郊县一个公社去采访、体验

“文革”中的赵丹

生活，组织上让严励把赵丹也带上，当然，赵丹是不能参加创作组的，只是去乡下劳动改造。听到这个消息，如惊弓之鸟的赵丹已经很满足，很放心了。有严励在，一定不会受罪。于是，白天里，严励他们去采访，赵丹下田劳动；晚上，他们在一起谈心，经常谈到深夜。赵丹因为五年的狱中磨难，身体非常虚弱，严励请来当地的大队李书记，请书记安排赵丹去看病。这位李书记十分仰慕大艺术家赵丹，他亲自带着赵丹去了一个部队医院检查身体，治疗伤痛，医院里的医生护士也都是赵丹的“影迷”，他们不仅为他检查身体，还给赵丹开了许多补药，深情地叮嘱了一番，赵丹顿时觉得一股久违了的温暖流入了心头。回到大队里，李书记倍加关爱，专门安排一个年轻人为赵丹打水，送饭，管理生活；李书记不让赵丹下田劳动，赵丹却执意要去，李书记就让他干一些轻活；大队里要搞大学习、大批判、大宣传，要办黑板报，办大批判专栏，李书记就请赵丹为他们画刊头，写标语。一次，大队组织群众进城参加庆祝游行，赵丹除了参与写标语，做小旗，他也想参加游行，李书记生怕他节外生枝，好言相劝，把他留在了大队里，赵丹知道，李书记这是在保护他。

赵丹十分感激这位李书记，乡亲们对他也很好，他感觉自己回到了观众当中，回到了大自然，他曾对严励说："这里很好，这里的人很好，我就在这里，哪里都不去了。"

但是，事情并没有赵丹想象得那么简单，到了冬天，一道命令：赵丹立即去奉贤"五七干校"报到。赵丹知道，这里不比乡下，贫下中农对自己如亲人一般，而这里有工宣队，有造反派，有造反起家的"打手"，一不留神，就会遭受皮肉之苦。平日里，什么脏活、累活都让这个"混世魔王"干了。一次，附近学校有篮球比赛，赵丹悄悄溜进观众群里，一个投篮，赵丹不禁高喊："好球！"这时，一个造反派闻声赶来："混世魔王，你怎么混进革命群众队伍里来的？滚回去！"

在这里，赵丹又低头弯腰走路了，整天少言寡语。冬天，天寒地冻，有一日，赵丹想以酒驱寒，他找来了一个空瓶子，偷偷去干校附近的小店打了几两烧酒，回去的路上，一个造反派拦住了他，要他把酒瓶交出来。赵丹灵机一动，掏出小酒瓶，轻轻一抬手，把那小酒瓶扔到了路边的草丛里。那个造反派在草丛里找了一会儿没找着，把赵丹痛斥一顿，悻悻然走了。这一切被旁边路过的一个中年人看在眼里，他向赵丹伸出了大拇指。他就是上海画院的满族画家富华。

第二天，赵丹溜到草丛寻酒，又遇见富华。两人很快在草丛里找到了那小瓶烧酒。当夜，二人在干校的草棚里，烛光下，就着咸菜，相对而饮，谈画论艺。

赵丹虽然是一位著名的电影表演艺术家，但是，这位师承刘海粟、潘天寿的上海美专毕业的高材生，也是一位优秀的书画家，在上海书画界也有许多朋友。是夜，富华和赵丹谈论上海画界的人和事，富华告诉他，姚文元说，出口画是“迎合资产阶级和修正主义的货色，要批判”。文化部已经在北京饭店、国际俱乐部、荣宝斋、北京画院和中央美术学院搜到了不少，要在人民大会堂搞“黑画展览”。上海也要搞“黑画展览”。他们的矛头是指向周总理的。赵丹一惊。是的，他好像在哪里听周总理说过，风景画不能叫“四旧”，出口的工艺美术品只要不是反动的、黄色的，都可以组织出口和生产。富华还告诉他，王洪文、张春桥、江青、姚文元利用手中的权势，把批林批孔发展为“评法批儒”，密谋要揪出“当代大儒”，其矛头正是针对周总理的。

赵丹当时还没有被“解放”，消息相对闭塞，听富华这么一说，他的心紧了一下。赵丹一生最敬佩周总理，自己多次在危难之际，都是周总理帮助他脱离了困境。他们竟然敢把矛头指向全国人民敬爱的周总理，真是天理不容啊！

1975年1月，全国人大四届一次会议在北京召开，周恩来总理作了《政府工作报告》，提出了向“四个现代化”进军，工农业生产、教育、科学、文化要全面整顿，邓小平复出，一批被“文革”冲击的“牛鬼蛇神”被落实了政策。赵丹也终于被宣布“解放”。

赵丹还没有来得及抚平“文革”的伤痛，重新燃起往日的激情，投入到艺术创造中去，一股“反击右倾翻案风”的巨浪扑面而来，一切被颠倒过来的东西，又被颠倒过去了，被“解放”了的“牛鬼蛇神”又开始胆战心惊了。赵丹也是如此，惶惶不可终日。紧接着，1976年1月8日，周恩来总理逝世。赵丹接连几夜难以入眠，噩梦连连，夜夜梦见周总理，经常泪洒枕巾。白日里，阵阵哀乐，赵丹走进电影厂，有人不让他为周总理戴黑纱，他像小孩子一样委屈地哭了。

4月5日，天安门广场爆发的悼念周总理、不满“四人帮”的群众运动，被当作“反革命”事件镇压下去了。9月9日，毛泽东主席逝世，全国悲恸。上海却是一片恐怖，王洪文的“文攻武卫”指挥部正在准备着枪支弹药。

此时此刻，赵丹已经深深地知道，自己在“文革”中的遭遇，不仅仅是什么“文艺黑线”“反动权威”“毒草影片”“混世魔王”等，根本是因为那位昔日的同仁、当今“第一夫人”跟自己过不去，是因为自己知道她的一些底细。

黄宗英劝他，还是找一个地方躲一躲吧！赵丹却平静得异乎寻常，缓缓地说，如果天下是他们的，想躲也躲不了，活着也没什么意思，任凭他们来杀戮好了。如果天下不是他们的，我还要演戏，还要拍电影！

索艺珠 岂知黑影依然

1976年10月，“四人帮”覆灭，江青反革命集团被彻底粉碎，全党欢欣，全民欢腾，许多自发的游行集会此起彼伏，狂欢的人群挥舞着小旗，走上街头，庆祝粉碎“四人帮”的伟大胜利。赵丹也抑制不住内心的激动，举着自制的小旗，走上街头，汇入了游行的队伍……没想到，他在游行的队伍里，竟然听到有人在窃窃私语：赵丹怎么来了？他与江青的关系还没有……赵丹闻声，即刻转身离开游行队伍，直奔家中，重重地关上了房门，把自己独自一人关了起来。

很快，上海电影系统调整了领导班子，赵丹的冤案得到平反，接着，又恢复了赵丹的党籍。可是，赵丹却高兴不起来，那些天，他经常梦见好友郑君里、顾而已和徐韬他们，每次梦醒，总是泣不成声。当年在杭州六和塔的集体婚礼，是君里作的证婚人，江青为了一步登天，不敢将其“蓝苹”的历史公诸天下，竟然心狠手辣、费尽心机地迫害当年的同仁，不是把他们投入监狱，就是打入另册，遣送下乡，郑君里、顾而已这两位见证了江青与唐纳婚姻的当年同仁，都遭遇了江青的毒手，成为屈死的冤魂。还有徐韬、邓楠、上官云珠，多少好友艺术家都没有能够逃脱江青的迫害与摧残，个个死于非命。赵丹是幸存者。

这年，赵丹刚刚过了60岁，花甲之年，适逢祖国第二个春天，文艺百花园正待万紫千红的春天早日到来，赵丹期盼自己的有生之年，能够再为祖国的银幕增添一些更加美好的艺术形象，把自己多年的经验凝聚在银幕形象之中，留给后人。于是，他写下了这样一首诗：

大起大落有奇福，
再度囹圄发尚乌。
酸甜苦辣极变化，
地狱天堂索艺珠。

赵丹自从走出监狱的大门，特别是粉碎“四人帮”以后，在他的眼里，一切都是新的，一切都是美的，他开始谋划拍电影的事情，他要利用有生之年，再作一次新的冲锋，把自己两度囹圄失去的生命时光抢回来。他首先想到的是曾经被扼杀的电影《鲁迅传》。于是，他到北京找到了导演陈鲤庭和原计划在片中饰演许广平的演员于蓝，他们一次又一次地谈论《鲁迅传》，期待着开机的日子。在赵丹的计划中，他还要饰演狂放而浪漫的唐代诗人李白，他知道，当年郑君里和作家白桦早在“文革”前就合作写了电影剧本《李白与杜甫》。在上海新光剧场参加完了控诉“四人帮”罪行的大会，赵丹把老乡演员钱千里拉到了新雅饭店，说：千里，40年前，在重庆山城，你演阿Q，我当导演；现在咱哥俩换个位置，让我来演阿Q！他兴致勃勃地谈论起了阿Q的人物造型，时不时还站起来表演了几个精彩的人物设计，周围的顾客都认得赵丹这位大明星，大家都静静地听他讲，他讲得如醉如痴，顾客们听得有滋有味。在家里，他和黄宗英一会儿谈《三国》，一会儿谈《水浒》，拉着女儿赵青谈《红楼梦》，他想把这些文学名著统统都搬上银幕。赵丹的热血又开始沸腾了，创作的欲望让他寝食不安，坐卧不宁。

一天，赵丹找到上海电影制片厂负责人徐桑楚的家里，一口气说完了他多年的愿望，徐桑楚十分感动于这位历经磨难而矢志不渝的大艺术家，可是，他不得不说，当前正值拨乱反正、正本清源之际，许多文艺思想和理论尚不明朗，厂里不好表态，他只有好言相劝，让赵丹再等等了。

可是，赵丹等不及了，他已经60出头了。一个偶然的机会，他看到了电影《八一风暴》的草稿，于是，他迫不及待地拉了几个志同道合的朋友，从南昌到九江，转武昌，访韶山，又从井冈山到黄埔军校，他要把《八一风暴》改出来，搬上银幕。可惜，也是因为许多重大历史问题尚不明朗，剧本不好修改，他只得放下。这时候，他又想拍《闻一多》，拍《残雪》，还接受了好几家电影制片厂送来的剧本。好友张骏祥看了那些剧本，觉得不适合赵丹，写信提醒他不能这样饥不择食。赵丹回信诉了一番苦，干脆在落款签名处写下了“饿煞鬼”三个字。

息影10多年了，如今年愈花甲，还有几多时光可以上得银幕？同仁好友都非常理解赵丹这个“饿煞鬼”。

一个天大的好消息从北京传来了：北京电影制片厂正在筹备拍摄李准编剧的电影《大河奔流》，剧中有周恩来总理的戏，这是中国银幕上第一次出现周总理的形象，这是一件大事，只许成功，不许失败。可是，有谁能够胜任这个重大的历史任务呢？编剧李准、导演谢铁骊、主演张瑞芳一致认为，无论是从气质上、感情上、艺术上和对周总理的熟悉程度上，只有赵丹能够胜任。于是，一份电报把赵丹请到了北京电影制片厂。

赵丹喜出望外。尽管周总理在片中的戏也不过十几分钟，赵丹却以千万倍的时间准备、试戏。他夜以继日地看资料，看纪录片，研究周总理的神态、表情和动作。为了使自己的下巴像周总理那样宽厚，他不惜用绳子在下巴上绑出一团肉来，还请牙医在腮帮子里塞上东西。走在路上，他也照着

赵丹饰演周恩来的定妆照

周总理的步态、神情练习着。他每天试妆达6个小时。真是功夫不负有心人。样片拍出来了，赵丹的神态、眼神、举止、气质、语言习惯都与周恩来总理十分酷似，既形似，又神似，达到了出神入化的境界，简直让人拍案叫绝。定妆照拿出去给人看，许多人都误认为就是周总理本人的照片。

岂料，电影《大河奔流》正式开拍了，却没有人通知赵丹。一问，有关方面不让赵丹来演周总理了，赵丹被撤下来了。

赵丹愤怒了，他问："这是为什么呀？"有关方面负责人说，赵丹是名演员，不管化妆造型多么高明，赵丹演得再好，观众一看就能看穿是赵丹，会妨碍影片的政治效果，影响不好。赵丹反问，这不是理由，照这么说，名演员今后就不能演戏了？演戏的就一定是不出名的演员？可负责人说，这是特殊情况，你演的是周总理。赵丹绝不相让：我和总理有感情，我有资格，有条件，有能力演好总理。是的，赵丹与总理的关系以及私交确实非同一般，可以说，已经完全超出了领导与被领导的关系，是同志，是朋友的关系。赵丹清楚地记得，1961年6月16日晚上，周总理走进了北京新侨饭店楼上赵丹与黄宗英的房间，还有当时的文化部副部长、电影局局长陈荒煤等人也来了，总理与大家谈家常，谈电影，还静静地听取了赵丹与黄宗英关于制片的关卡太多、“婆婆”太多的意见。7月1日，总理与参加故事片创作会议的代表一起登香山，他们在上坡时，赵丹说：“总理，你说电影比小说有所提高，可我看还是小说好。”总理说：“电影的时代感较强，场景的选择更广阔……”赵丹则说：“那只不过是电影这一综合艺术的表现手段比小说丰富罢了。”一路上，他俩各抒己见，甚至争论起来了。最后，总理笑了笑，转过头来对赵丹说：“你完全可以保留你的意见，我也可以坚持我的意见。你赵丹是一家之言，我周恩来也是一家之言嘛。”总理最后的一句话，把大家都说笑了。赵丹心里明白，两度囹圄，死里逃生，都是总理伸出了援救的手；全国批判《武训传》，让赵丹抬不起头来，也是总理提出让赵丹到北京出演话剧《屈原》，解除了赵丹的社会压力。总理不仅是赵丹的朋友，还是赵丹最坚固的精

赵丹饰演周恩来的定妆照

神支柱。眼下，他已经试演成功的总理形象，竟然不让演了，他真的愤怒了：“是你们请我来的，在旧社会，老板还从来没有撤过我的戏，你们这样单方面撕毁合同，是要负法律责任的！”赵丹拂袖而去。

然而，赵丹怎么也不会想到，不让他演总理，是因为那只黑影依然在纠缠着他。有人向在北京陪伴赵丹的黄宗英透露说：不让阿丹演总理，是有领导质疑，赵丹与蓝苹有什么关系，他演总理合适不合适？

“污蔑！陷害！我抗议！”赵丹怒吼起来，“你们是领导，为什么不作调查就下结论？我赵丹被蓝苹陷害得还不够惨吗？”

其实，赵丹与蓝苹接触并不多，也没有什么特别的关系：

30年代，赵丹与蓝苹同台演过两个话剧《娜拉》和《大雷雨》；抗战爆发，蓝苹去了延安，赵丹参加了抗日救亡演剧队；40年代中期，赵丹走出了新疆的监狱大门，回到重庆，毛主席重庆谈判期间，江青跟到重庆，未遇赵丹，留下了一

左一为周恩来，左四为赵丹

封酬酢信；50年代初期，赵丹主演《武训传》遭到了全国大批判，江青组织调查组，连续发表《武训历史调查记》，为批判《武训传》火上浇油；60年代初，江青来到上海，千方百计地拉拢赵丹、郑君里，曾经假惺惺地说："我在上海有两个最好的朋友，就是阿丹和君里。"赵丹不予理睬，江青便猛批他的《聂耳》《青山恋》和《烈火中永生》；"文革"爆发，江青与康生在人民大会堂约见赵丹，向赵丹发出最后通牒，赵丹仍不屈服，被打成"混世魔王"；江青指使林彪亲信吴法宪、江腾蛟在空军组织"秘密警察"对赵丹进行"秘密抄家"，连一张纸片都不留。随后，赵丹被江青投进了监狱……

在监狱中，最让赵丹说不清楚的是江青写给赵丹的一封信，为什么会登在了当时国民党的报纸上，有什么政治阴谋。其实，那是在重庆谈判时期，江青借口治牙，临时搭乘周恩来的飞机去了重庆。在重庆，她遇到了郑君里，知道了赵丹新疆蒙难的经历，在没有见到赵丹的情况下，给赵丹留下了一封信：

阿丹：

世界上是有着许多不合乎人们主观愿望的现实，这次，我满以为会看见你，可是恰巧我来不久之前，你离开这雾的山城，君里告诉了我一点你的情形，还给我一张你的照片，从照片上看还是那么天真热情，几年的苦难没有磨掉，这点是可贵的，也是朋友们高兴的。早些年当我知道你们去了这样一个地方（引者注：指去新疆迪化），我真觉得奇怪，不久又听到你们受难的消息，可以告慰你的，是所有的朋友都为你们着急担忧，据我知道，能够营救的方法，朋友们是都用了，可是，后来我们绝望了，我觉得黑暗将你们吞没了。去年无意间听一个朋友说，在一个宴会上看到你！我不信，而这个朋友又不认识你，无法证实，结果问了别人，才知道真真是你，并且仍然在工作着，这多么叫朋友们高兴啊！　对于你这次苦难，过去为你着急而且惋惜，现在则又替你欢喜，不是吗？“塞翁失马，焉知非福？”就是说从另一个方面来看，你增加了这份人生的经验，这对于你将来的事业添了一份财富，从坏处想好的方面，人会愉快的，朋友，你说对不？　我这次来重庆是专门为了治牙病，几天之后我就回去。我希望将来看见你的时候，你有比以前更加成功的创造，你有比以前更加年青与坚强的工作精神，并祝你找到一个能够理解你，能够共同奋斗的伴侣！

紧握你的手！

江　青

1946年2月7日夜

就是这样一封普通的问候信，三十年后，竟然成了赵丹的一个历史罪状。谁都应该知道，赵丹的冤案，其罪魁祸首就是江青。现在说他与江青有什么关系，不让他演总理，真是冤上加冤，雪上加霜，这是往赵丹的伤口上撒盐啊！

春寒料峭。当时，“四人帮”的极左思潮尚未完全被人们认识，更没有得到好好的清算，党的十一届三中全会也还没有召开，许多领导干部在“左”的思想影响下，抑制着赵丹，冲击着赵丹，严重地伤害了赵丹渴望艺术创造的激情。

第二天，赵丹与黄宗英带着满腹忧郁，一腔愤怒，离开了北京，离开了影片《大河奔流》剧组，回到了上海。在家里，赵丹吃不下，睡不着，经常直愣愣地望着自己扮演周总理的定妆照，委屈得像孩子一样呜呜地哭起来。

听说赵丹扮演周总理被撤下来了，上海的同仁好友不断地登门看望，竭力地劝慰这位“嗜戏如命”的名演员。谁也没有想到，“名演员”竟然可以成为一种借口，让一个“名演员”承受“不让演戏”的巨大痛苦。

柳州行　书画天下都乐

1978年的冬夜是寒冷的。赵丹天天看着自己扮演周总理的定妆照发呆，他料定再也不会有机会让他在银幕上再现他最敬爱的周总理了。他的创造热情一度降到了冰点。一天，在干校相识而成为好朋友的画家富华来了，他告诉赵丹一个好消息：柳州市委书记黄云特意请赵丹去柳州作画。富华还告诉他，“海墨社”的同志都在那里作画，他们也希望赵丹能去柳州和他们一起作画。“海墨社”是赵丹和富华在“四人帮”垮台以后发起的一个书画团体。听到这个消息，黄宗英首先表态：“阿丹，我陪你去。你画画，散散心，我给你写电影剧本《闻一多》。”

就这样，赵丹夫妇踏上了南国柳州的旅程。一下火车，柳州市委的同志就把他们接到了柳江之畔的一座幽静的宾馆“柳州饭店”，并且把他们安排在宾馆的小红楼里，主人自豪地对赵丹夫妇说：这是当年周总理住过的地方。赵丹与黄宗英一听，相视无语，别有一番滋味在心头。

第二天，主人安排他们参观柳侯祠。柳侯祠是纪念唐代著名政治家、思想家、文学家柳宗元而兴建的。柳宗元原本是京城官吏，因为参加政治集团，力主社会进步的改革，改革失败，柳宗元遭受无情打击，被贬永州，后又被贬柳州任刺史。赵丹夫妇进了柳州公园，踏进祠堂圆形大门，寻觅着柳宗元的生平与事迹，其中还有唐代韩愈和宋代苏轼颂扬柳宗元的诗文，特别是柳宗元的手迹碑文：“龙城柳，神所守，驱厉鬼，福四民，制九丑。元和十二年。柳宗元。”让赵丹的心情不能平静，他深为柳宗元的刚正不阿、一心为民的精神所感动，有感而发地题诗在柳侯祠：

赵丹晚年创作书画

千里来罗池，
聆教柳侯祠，
贬褒何足论，
今古贵刚直。

这是赵丹对柳宗元的颂扬，也是他自己的心声写照。不论遇到怎样的逆境，都应该做一个刚正不阿的人。柳宗元几度被贬，依然不朽，一千多年前的柳宗元，人民群众永远记住他。这就是人的价值，人的尊严。做一个艺术家也是一样，你遭遇天大的不幸，只要你刚正为人，你的艺术真正是为人民的，人民永远会记住你！

夜晚，市委书记黄云邀请赵丹夫妇去车辆厂看桂剧《打金枝》《挡马》《柜中缘》等几个折子戏，当他俩一进礼堂，就有人喊了起来：“赵丹！赵丹！”顿时，掌声如雷，人群雀跃。折子戏开演的时间到了，铃声响了一遍又一遍，但观众们仍然围着赵丹，不愿散去。赵丹向观众们频频挥手：“谢谢！谢谢同志们！”观众一起站立起来，更加热烈地鼓起掌来。直到市委书记黄云站起来说：“请大家安静，演出结束后，我们请赵丹同志留下来，和大家一起联欢！”观众们这才坐了下来，这时候，演出时间已经推迟十几分钟了。演出结束，赵丹与黄宗英走上了舞台，与观众见面，他说：“同志们！朋友们！柳州的山水有情，柳州的人民有情，你们的盛情温暖

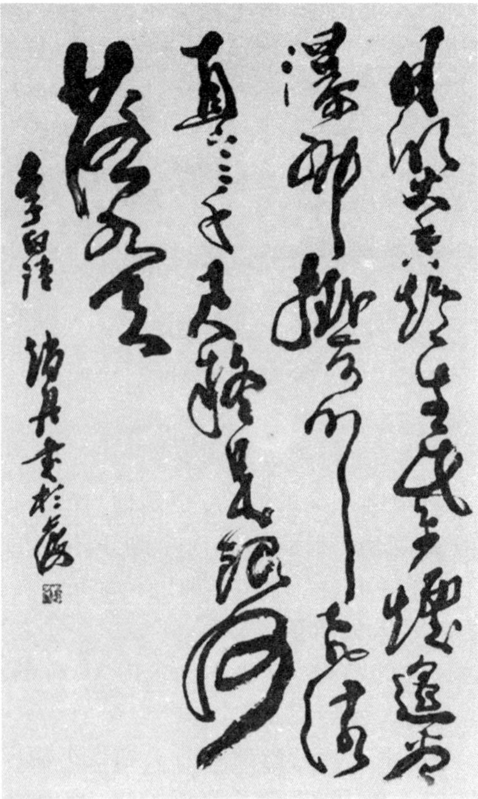

赵丹书法

了我重创的心灵，我愿意把有生之年奉献给你们！奉献给人民！”

赵丹真的是感动了，他说出了此时此刻的心里话，因为他感到了人民的力量，人民的情意，人民的温暖。白天，在柳侯祠，他看到了柳宗元的不朽，不是因为他为官的政绩或权势，而是他为人民写下的诗文，留在了人民的心中；夜晚，他又感受到观众们的热情和温暖，尽管他两度囹圄，几遭批判，但是，他所塑造的银幕形象永远留在了观众的心里，观众们没有忘记他。作为一个电影演员，还有什么比观众永远记住他更有意义，更幸福的呢？这一夜，赵丹睡不着了，他来到柳州的第一个收获，就是认识了自己，认识了观众心目中的赵丹。尽管他也曾感受过电影明星的荣耀，但是，当你处在人生逆境，人们投来温暖的眼光，你会觉得那眼光里有你的人生价值，有你的生命意义。赵丹下决心一定要回报柳州人民，他虽然不是什么专业画家，但毕竟也是书画的科班出身，何况数十年来，他笔墨纸砚不离身，作画不止，他还将书画艺术与表演艺术结合起来，使二者相得益彰，经常出现一些奇妙的效果。柳州的山美，水美，人美，他一定要画出心中最美的柳州，送给柳州人民。

赵丹在柳州，和市委书记黄云一起吟诗写字，探讨艺术问题；黄云书记说，艺术家到柳州，不能不去看“三姐岩”。是啊，刘三姐的故事传颂了多少世纪，她那鲜明的形象一直活跃在人们的脑海里，赵丹的耳畔似乎响起了刘三姐那甜美的歌声。于是，赵丹来到鱼峰山，拾级而上，看到了大理石雕刻的刘三姐的塑像，那形象妩媚动人，令人过目不忘。山间还有100多个群像，男男女女，个个栩栩如生，生动再现了刘三姐对歌、传歌、成仙的生活场景。到了鱼峰山顶，柳州城尽收眼底。主人又引领赵丹夫妇一一观赏了柳州八景。

回到宾馆小红楼，赵丹情不自禁，铺开丈二宣纸，提笔

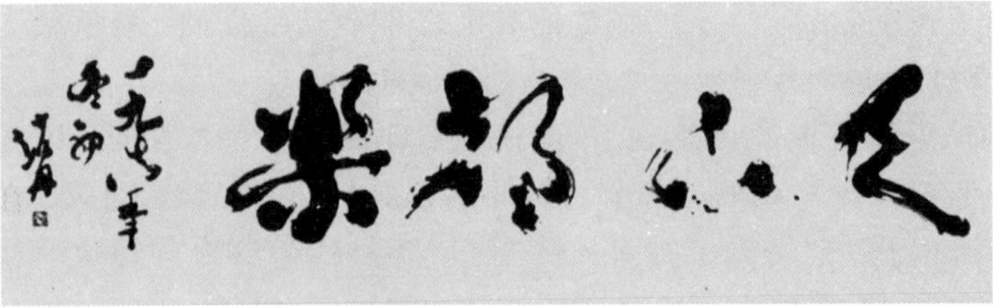

赵丹书法“天下都乐”

凝神，继而挥洒笔墨，不大功夫，一幅色彩斑斓、气势磅礴的柳州山水画跃然纸上，同行们看了个个赞叹：意境深远，运笔自如，神似形似，恰到好处。赵丹毫不吝惜，将他的得意之作奉献给了他所居住的柳州饭店，作为回报。

应市委书记黄云的邀请，赵丹夫妇游览了都乐风景区。这是一次极为特殊的采风，赵丹居然无心观赏都乐岩的如画风景。

都乐风景区由12个山头、一条清水河和两个人工湖组成，共有46个岩洞。赵丹夫妇随主人一路观赏宽畅高大的山洞，攀越在崎岖的山路上，他们一边走，一边说笑，当他们走进“怡宾楼”，赵丹两眼直盯着“都乐画庄”案台上的文房四宝。主人懂得他的意思，立即铺好五尺宣纸，赵丹提起大笔，饱蘸浓墨，全力聚集在笔端，以苍劲饱满的笔力，写下了“天下都乐”四个大字，古拙，浑厚，一气呵成。

在场的人无不为赵丹这四个大字拍案叫绝，骤然鼓起掌来。事后，主人们将赵丹在都乐岩写下的“天下都乐”四个大字，镌刻在山前大榕树下的巨岩上，供世人瞻仰。然而，他们没有人知道，赵丹为什么会在都乐岩突发奇想，写下“天下都乐”四个大字。其实，这是赵丹的心愿，他曾经说过，他所从事的艺术就是给人以真，以美，以乐，以幸福，而“快乐”是艺术创作的核心，也是审美的核心。他一生不惜历尽艰难，受尽屈辱，创造众多的艺术作品，就是要让人们都真，都美，都乐，都幸福，核心是“天下都乐”。这也是多年来同仁好友们都笑称他“快乐的阿丹”的主要原因。写完“天下都乐”这四个大字，就在主人和同行者们围观、赞赏的时候，赵丹兴奋地对黄宗英说：“天下都乐，是我一生的心愿！”

这就是赵丹。他一生的艺术成就、屈辱磨难、几多遗恨，都因为这四个字：天下都乐。这就是一个真正的艺术家胸怀“天下”而愿“天下都乐”的至善至美至纯至真。

演总理，也是赵丹一生的愿望，但是，“左”的流言蜚语、恶意中伤剥夺了他作为一个演员的创作权利，让赵丹再一次蒙受屈辱与痛苦，就在这个时候，有朋友相约，远赴柳州，重拾丹青之趣，却让他住进了总理当年住过的地方——柳州饭店小红楼。赵丹触景生情，感慨万千，一夜未眠，挥毫泼墨，完成了他一生中最为用心、用情的丹青巨作——《荔枝年年醉红楼——周总理住过的地方》，那画面上：柳江清亮，山水相映，荔枝繁茂，果实累累，掩映着红砖黛瓦的寓所，其中仿佛隐隐可见一个伟岸的身影。宗英题诗：

荔枝年年醉红楼，
总理丹心润柳州。
三姐传歌明善恶，
青山树碑日月流。

在柳州，在短短一个多月的时间里，赵丹创作了200多幅书画，量多质高，这是赵丹一生中美术创作最集中、最高产的时期，他说：“我在柳州获得了第二次艺术生命。”

但是，赵丹毕竟是电影演员，黄宗英写完电影剧本《闻一多》，他们便踏上归途，去上海筹拍这部电影了。

巨星落 留下警世真言

赵丹在柳州创作了大量书画作品，收获颇丰，获得了第二次艺术生命，而陪同他的夫人黄宗英也成功地赶写出了电影剧本《闻一多》，珠江电影制片厂正准备投拍，赵丹也做好了一切准备工作，忽然传来消息，影片《闻一多》下马了。赵丹不解地连续发问："这是为什么？为什么？"老朋友王为一告诉他：上面说，现在拍《闻一多》，不合时宜。北京西单"民主墙"出了问题，闻一多是著名的"民主斗士"，现在拍《闻一多》，会刺激"民主墙"问题；闻一多又是反美战士，拍《闻一多》会影响中美关系，不合当前的对外政策。

赵丹顿时黯然神伤，艺术创作的火热心情一下子又落到了冰点。他是共产党员，他无话可说。

真的是人生如戏。刚刚放下拍摄"反美战士"闻一多的计划，赵丹接到了来自美国的一份友好邀请，邀请他去美国领取"奥斯卡"电影金像奖。因为，美国电影界刚刚看了赵丹主演的《林则徐》等影片，无不大呼精彩，叹为观止，一致通过授予赵丹"奥斯卡"金像奖，并同时邀请这位中国最有影响的电影表演艺术家参加美国好莱坞电影城创建75周年纪念活动。

上海电影制片厂获此消息，立即向中央电影局汇报，电影局又请示文化部，文化部又请示有关领导，最后决定，这是一件促进中美友好关系的大好事，责成中央电影局组织一个中国电影代表团访美。可是，颁发“奥斯卡”金像奖的美国电影艺术与科学学院只是对赵丹个人的表演艺术成就予以褒奖，他们认为与中美关系无关。等到同意赵丹赴美的批示下来，早已过了领取“奥斯卡”金像奖的日期。赵丹的美国之行就此搁浅了。

改革开放，百废待兴，戏剧学院恢复了正常教学，被批判为唯心主义与修正主义的斯坦尼表演体系，重新回到了戏

赵丹国画

剧学院的课堂。上海戏剧学院向赵丹发出邀请，请他讲课。赵丹欣然前往，他借此机会回顾了自己数十年来的表演经验与体会，略加思索，整理成章，将自己用心血和生命换来的“真知灼见”传授给表演艺术的后辈学人。赵丹讲课，边讲边演，生动形象，幽默风趣。他讲理论，言简意赅，易懂易记；他讲实例，具体生动，寓意深刻。他从南通“小小剧社”讲到“美专剧社”；从“左翼剧联”讲到“抗日救亡演剧队”；从新疆蒙难讲到坚守上海；从《武训传》《聂耳》《林则徐》讲到《烈火中永生》；从话剧讲到电影……赵丹是中国电影史的见证人。他讲的是自己，其实是在讲中国电影从无声片到黑白片再到彩色影片的数十年的历史。因为，他还讲述了自己在前辈艺术家洪深、田汉、欧阳予倩及章泯等的指导下，走过的艺术道路；他还讲述了自己学习外国各种表演流派的艺术特点，吸取他们的艺术营养，结合中国传统戏曲的表演，融会贯通地探索话剧电影民族化表演的经历与得失。课堂上，他还介绍了与自己同代的优秀表演艺术家，如袁牧之、陈凝秋、郑君里、魏鹤龄、金山、周璇、蓝马、石挥、崔嵬、王为一、顾而已、朱今明、钱千里等，并同时阐述了他们的表演艺术成就和风格。这样的讲课，内容具体而又形象生动，活泼有趣而又意义深刻，既富有实践经验，又具有哲理思考，很受同学老师的欢迎。赵丹的前妻叶露茜当时正在上海戏剧学院导演系任教，她也在台下听赵丹讲课，重新体验了与赵丹一起走过的难忘的岁月，见证了赵丹走过的艺术道路。

赵丹讲课，是非学院派的，但是，他毕竟是表演艺术大师，不是普通的演员，他爱读书，爱思考，具有扎实的理论功底和丰富的实践经验。他还就表演艺术的局限与无限、个性与共性、体验与体现等学术问题进行了鞭辟入理的研究与分析。后来，电影局的领导、电影导演陈荒煤跟他开玩笑：“我看你索性改行当理论家算了。”

赵丹讲课，滔滔不绝，侃侃而谈，看来十分随意，其实层次分明；看似信手拈来，其实胸有成竹。他一讲就是几个小时，烟抽完了，他就向台下伸手：大声说：同志们，有烟没有？大家一听，纷纷掏出香烟，抛向台上。赵丹接过香烟，继续演讲。

一连几个星期，赵丹在上海戏剧学院的演讲引起了轰动。上海文艺出版社要将他的讲课录音整理成书，他非常高兴。与此同时，中国电影出版社汇集了赵丹历年来撰写的9篇表演理论文章共16万字，要出版一本《银幕形象创造》。赵丹答应了。一代影剧表演大师，不仅为我们留下了不朽的银幕形象，还为中国话剧与电影留下了经典论著，这是一笔文化艺术财富，更是一笔思想精神财富。

赵丹刚刚整理完两本书稿，长女赵青从北京回上海看望父亲。一见久别了的女儿，赵丹一下把她抱在怀里："阿囡，爸爸要出书了！你看，这是我的书稿！"赵丹一边将书稿拿给女儿看，一边开玩笑似的说："我最近才发现，我的字比画好，画比戏好，我写的书比什么都好！"

赵青知道，这是爸爸无戏可演的自慰。由于父女俩不经常在一起，女儿赵青明显感觉爸爸瘦了。她关心父亲的健康，赵丹告诉她，最近经常胃疼，吃不下饭。女儿要爸爸去医院检查，赵丹却推说没有时间。正在这时，黄宗英回家了，说是已经为他联系好了华东医院，要他马上去住院检查。

赵丹拗不过，住进了上海华东医院。经过一番检查，胃，没有问题，但仍然不能进食，人也渐渐消瘦下去。赵丹虽然感觉情况不好，但是，他仍然夜以继日地修改书稿、创作书画，医生劝他好好休息，他却说，我是演员，观众来信，我还要写回信，没有观众，哪有我们演员。你们医生为我治病很辛苦，我要送你们每人一幅画。医院院长要去日本访问，想要赵丹的画送日本友人却不好意思开口，赵丹听说以后，立

赵丹国画

即挥毫泼墨，赶画了几幅送给他。

北京电影制片厂的厂长汪洋来电，邀请赵丹与日本方面合作拍摄影片《一盘没有下完的棋》，并请赵丹担任艺术指导。赵丹让弟弟赵冲回电："一切由你做主决定，我六月底可以出院，同去黄山改本。赵丹。"医院郑柏生大夫不同意他出院。他拉着郑大夫的手，近乎哀求地说：这么多年了，我演鲁迅不成，演周总理不成，演李白不成，演闻一多不成。眼下，好不容易有了拍片的机会，你让我去吧！郑大夫仍然不同意。赵丹意识到自己的病情一定很严重，他说："我是不是生癌？如果是癌，能手术，赶快开刀拿掉；如果不能手术，我明天就出院，他们与日本朋友的合同已经签好了。拍好这部电影，我才能闭上眼睛。郑大夫，答应我吧！”

赵丹患的是胰腺癌。已到晚期，不能手术。华东医院的领导和大夫把他送到机场，让赵丹去北京医院接受“正电子加速器”的治疗。

在北京医院210病房，赵丹发现左右病房住的都是癌症病人，他立即确诊了自己的病。女儿赵青去看他，他对女儿说：“我多么想站在摄影机前，等我拍完最后一个镜头时，我的心脏再停止跳动。”赵丹不想这样离开，希望自己能倒在摄影机前。立志为电影艺术献身而几度死里逃生的赵丹其实并不会恐惧死亡，他只是遗憾文艺的春天刚刚到来，自己却不能投入到这个春天姹紫嫣红的怀抱里，而要去迎接死神，真的是太残酷了！

北京医院拥有全国最先进的设备，赵丹接受着最佳的治疗方案，医生们抱着最后一线希望，打开了赵丹的腹腔，发现癌细胞已经扩散到了肝脏，恶性肿瘤已无法割除，赵丹危在旦夕。

赵丹生命的最后时刻到来了。

黄宗英撤下赵丹病房门前“谢绝探望”的牌子，成百上千的探望者纷纷前来看望赵丹，其中有赵丹的老朋友、老观众、老领导、老同行、大艺术家、新闻界人士、国家领导人和国际友人。赵丹想到自己应该留下遗嘱了，他对黄宗英说：“让富华他们挑选一下书画作品，办一个书画展览，把‘天下都乐’放在突出的位置。人死了，不要给别人添忧愁。我不喜欢哀乐，我喜欢贝多芬、柴可夫斯基的音乐。”

在病床上，他拉着一位中央领导的手说：粉碎“四人帮”以后，我没有拍过一部电影，我怎么向老百姓交代呀？

10月5日，上海的孙道临、谢晋等一行人飞抵北京，来看望赵丹。朱今明来到他的床边，他用南通话对朱今明说：“今明，我吃不下饭，我要死啦！”朱今明哽咽着劝慰他：“别这么想，我和你还要在一起拍戏呢！”赵丹说不出话来了，流出了两行眼泪。当富华走到他的床前，他用颤抖的手写道：“画展要紧！”富华写了“知道”两个字，急忙转身奔出病房，去准备画展了。

《大众电影》封面（1979年）

全国的观众都在关注赵丹的病情；

香港电影界的朋友给赵丹送来了治疗的药物和营养品；

日本的朋友也纷纷送来了许多珍贵的药品；

英国伦敦的中国电影节上，放映了赵丹主演的《马路天使》《十字街头》《烈火中永生》《李时珍》等6部电影经典作品，以此慰问病中的赵丹；

上海文艺出版社加班加点，突击赶印了赵丹的表演专著《地狱之门》；中国电影出版社将赵丹的表演论著《银幕形象创造》送到了他的病房前。

10月8日，赵丹从昏迷中醒来，获悉中国美术家协会常务理事会鉴定了他的美术作品，一致通过吸收他为会员。赵丹激动地用颤抖的手一笔一画地填写了会员表。当他接过中国美术家协会会员证的时候，他热泪盈眶，会员证上的照片竟是他的电影剧照。

率真、真诚，是赵丹的性格，每遇电影问题，他总要发表意见，绝不会隐瞒自己的观点。尽管因此吃了不少亏，但是，他从来不后悔，而且还认为这是一种责任，一种美德。

赵丹在座谈会上发言

前些天，他又有话要说，让黄宗英请领导过来，他要谈谈文艺创作的问题。黄宗英问：请夏公？赵丹轻轻地回答：不，请乔木，他在中央主管文艺。那一天，胡乔木来到了赵丹的病床前，赵丹与胡乔木同志谈起了如何改善党对文艺的领导，倾心吐露了自己多年来的心声。黄宗英在一边认真记录，事后，赵丹让黄宗英将整理出来的遗文迅速交到了《人民日报》袁鹰的手里。

1980年10月8日，《人民日报》五版头条，全文发表了赵丹的文章《管得太具体，文艺没希望》。全文录后：

管得太具体，文艺没希望[①]

《人民日报》正开展“改善党对文艺的领导，把文艺事业搞活”的讨论。看到“改善”“搞活”的标题，颇喜；看到“编者按”中“党对文艺工作的领导必须改善，通过改善来达到加强，在这方面我们是坚定不移的”，又忧心忡忡了。我不知道“编者按”中“我们”的范围有多广。我只知道，我们有些

①赵丹.地狱之门［M］.上海：文汇出版社，2005：227-230.

艺术家——为党的事业忠心耿耿、不屈不挠的艺术家，一听到要“加强党的领导”，就会条件反射地发怵。因为，积历次政治运动之经验，每一次加强，就多一次大折腾、横干涉，直至“全面专政”。记忆犹新，犹有特殊的感受。以后可别那样“加强”了。

我认为：加强或改善党对文艺的领导，是指党对文艺政策的掌握和落实，具体地说，就是党如何坚定不移地贯彻“双百”方针。

至于对具体文艺创作，党究竟要不要领导？党到底怎么领导？

党领导国民经济计划的制定，党领导农业政策、工业政策的贯彻执行；但是，党大可不必领导怎么种田、怎么做板凳、怎么裁裤子、怎么炒菜，大可不必领导作家怎么写文章、演员怎么演戏。文艺，是文艺家自己的事，如果党管文艺管得太具体，文艺就没有希望，就完蛋了。“四人帮”管文艺最具体，连演员身上一根腰带、一个补钉都管，管得八亿人民只剩下八个戏，难道还不能从反面激发我们警觉吗？！

哪个作家是党叫他当作家，就当了作家的？鲁迅、茅盾难道真是听了党的话才写？党叫写啥才写啥？！那么，马克思又是谁叫他写的？生活、斗争——历史的进程，产生一定的文化、造就一个时代的艺术家、理论家，“各领风骚数百年”。从文艺的风骨——哲学观来说，并不是哪个党、哪个派、哪级组织、哪个支部管得了的。非要管得那么具体，就是自找麻烦，吃力不讨好，就是祸害文艺。

每一层主管文艺的领导者，都说自己“是坚持党的文艺方针，坚持革命文艺思想的”，仿佛唯有文艺专门家们倒是眼花耳聋缺心眼的芸芸众生。否则，建国30年了，“五四”新文化运动60年了，全国无产阶级文艺大军已号称数百万，为什么从中央以至各省、区、县、公社、厂矿，几乎都还总是要请个不懂或不大懂文艺的外行来领而导之，才放心呢？真是百思不得其解的逻辑！

尤其，越是高级的领导是外行的，权力又高度集中，于是在外行向内行的转化的过程中，百万文艺大军都得跟着踏步原地转！何况有的领导还不肯转，因为一转化为内行，可能又不能当领导了呢？更何况生活的急遽进行速度，内行也追之不及，表现费力，再加上干扰重重，致使目前文艺阵地较受欢迎的作品，大多数也只是达到街谈巷议的大实话的水平而已。

各文学艺术协会，各文学艺术团体，要不要硬性规定以什么思想为唯一的指导方针？要不要以某一篇著作为宗旨？我

铭刻在柳州的赵丹书法

看要认真想一想、议一议。我认为不要为好。在古往今来的文艺史上，尊一家而罢黜百家之时，必不能有文艺之繁荣。

在人大和政协五届三次会议上，代表们热烈地讨论体制问题。“体制”二字，我们艺术家原本是生疏的。后来渐渐发现：我们懒得管“体制”，“体制”可死命管住我们，逼得我们不得不认真对付对付它。

试问，世界上有哪几个国家，像我国这般，文艺领域中的非业务干部占如此大的比例？咱们这社会，不兴说谁养活谁，因为除农民和青年（以及部分老年和妇女）外，总算各有“铁饭碗”一只。但是，为什么要死死拽住那么多非艺术干部来管住艺术家们呢？有些非艺术干部在别的工作岗位上也许会有所作为的。可是，如今那么多“游泳健将”都挤到一个“游泳池”里，就只能“插蜡烛”了。每一位“领导艺术”的干部，为了忠于职守，总要就艺术创作发言，各有一套见解，难于求得统一。像拍摄《鲁迅》这样的影片吧，我从1960年试镜头以来，胡髭留了又剃，剃了又留，历时20年了，像咱们这样大的国家，三五部风格不同、取材时代和角度不同的《鲁迅》也该拍得出来，如今，竟然连“楼梯响”也微弱了。这不是一个演员的艺术生命经不起的问题，《鲁迅》影片之迟迟不能问世，实也联系到新一代的鲁迅式的文艺家之诞生。

文艺创作是最有个性的，文艺创作不能搞举手通过！可以评论、可以批评、可以鼓励、可以叫好。从一个历史年代来说，文艺是不受限制、也限制不了的。

习惯，不是真理。陋习，更不能尊为铁板钉钉的制度。层层把关、审查审不出好作品，古往今来没有一个有生命力的好作品是审查出来的！电影问题，每有争论，我都犯瘾要发言。有时也想管住自己不说。对我，已经没什么可怕的了。只觉得絮叨得够了，究竟有多少作用？……

1980年9月于病床上

10月9日，在富华以及海墨社画友们的共同努力下，“赵丹书画展”提前在上海淮海公园展出。阳翰笙来到赵丹的床边。赵丹想起在上海，在重庆的那些岁月，翰老总是在他们最需要的时候出现。现在，他已经不能说话，紧紧地拉住阳翰笙的手，用左手写下：“翰老保重——为我们大家。”

晚年赵丹

10月10日凌晨2点40分，赵丹逝世。黄宗英按照赵丹的遗嘱，为他播放了贝多芬的交响乐……

巨星陨落，天地悲恸。但是，这颗巨星陨落在黎明前的黑暗之中，依然带着几分寒意。

原先为黄宗英发表文章的袁鹰知道了来自上面的压力，很是为难，便去请教夏衍。夏公当然也知道了上面的那句批评，微微一笑，对袁鹰说：“找个人写篇文章拐个弯吧！”找谁呢？袁鹰又犯愁了。夏衍说，去找金山。袁鹰觉得很好。金山当时是中央戏剧学院院长，既不是文化部的官员，也不是完全的民间人士，不朝不野，又是赵丹的好朋友，由他来写，再合适不过了。不久，夏衍转给袁鹰一篇文章，是金山写的《马克思主义宇宙观引导着他的艺术道路》，文章开头便说：“10月8日，赵丹同志去世前两天，在《人民日报》

发表了一篇文章，题目是《管得太具体，文艺没希望》。他很关心改善党对文艺的领导。”“我认为赵丹同志的这个意见是正确的。”但文章一转：“当然，对我们共产党人来说，不管如何保证个人的创造和个人爱好的广阔天地，文艺只能是党的事业的一部分，因此维护党对文艺事业的正确领导，尤其是在方向、路线和政策上的马克思主义的正确领导，仍是十分必要的。”

10月27日，由文化部、中国文联主办的悼念人民艺术家赵丹同志大会，在北京首都剧场隆重举行。按照赵丹生前的嘱咐，悼念大会没有奏哀乐，只是轻轻地播放着赵丹生前喜爱的乐曲，没有陈放花圈和挽联，赵丹的彩色画像上也没有披挂黑纱；剧场前厅的正中悬挂着赵丹的横幅草书：“天下都乐”。前厅的橱窗和两侧的休息厅陈列着赵丹的电影剧照和书画作品。悼念大会是由中国文联主席周扬主持的。中国电影家协会主席夏衍首先发言。他情真意切地介绍了赵丹坎坷的、战斗的一生和他所取得的艺术成就。夏衍说，赵丹痛恨一切黑暗势力，追求真理，追求光明。国民党反动派没有放过他，“四人帮”的魔爪也没有放过他，他始终不屈服、不灰心、不丧气。他还是那样乐观、热情、诚挚、坦率、认真、探索、追求，有一分热，发一分光，有时候他甚至单纯透明得像个大孩子。他有艺术家的气质，更有为人的高尚品格。他以赤诚的心，真挚的爱，爱祖国，爱人民，爱党，爱民主，爱社会主义文艺事业，爱春天，爱阳光，爱孩子，爱艺术上的创造精神。他一贯主张艺术民主。他学习借鉴我国的书画、京剧等传统艺术，探索电影表演的特殊规律。他的艺术造诣深厚，形成了他在表演上的民族风格。五十年的艺术生涯使他蜚声影坛，闻名中外，为我国电影艺术发展立下了不朽的丰碑。赵丹的老朋友司徒慧敏、金山等先后在大会上讲话，表示了对赵丹同志的深切悼念。赵丹的夫人、作家黄宗英也讲了话，她说，赵丹属于人民，人民了解赵丹。最后，悼念大会放映了由赵丹银幕形象选辑的纪录片《他活着》。

11月23日，“赵丹遗作书画展”在中国美术馆举行。原本答应黄宗英前来主持开幕式的领导，突然说是有急事离开北京了。许多文化官员也都“到又未到”，在开幕式一个小时前过来一下，推说要开会，便匆匆离开了。“赵丹遗作书画展”门可罗雀。黄宗英急忙打电话请能书善画的好友来开幕式当场献艺，画家黄永玉对黄宗英说：“这是阿丹的遗作展，这样是不是太俗了？”黄宗英泪下：“俗就俗吧！不然，死人、活人都受不了啊！”

1985年，胡乔木在广州对参加中国电影表演艺术研讨会的文化部副部长丁峤和电影演员张瑞芳、赵子岳的谈话中，对赵丹的文章表示赞同。他说，赵丹说，党管得太具体，文艺没希望。这个说法是对的。党是政治组织，对文艺本来不应该具体管，何况太具体？即使是艺术组织，比如剧协，也不能管每一个人的创作。莎士比亚的作品如果都由剧协审查，未必能出那么多好作品。

2006年11月13日，中共中央政治局常委、国务院总理温家宝在中国文联第八次全国代表大会和中国作家协会第七次全国代表大会上发表了《同文学艺术家谈心》的讲话，提到了赵丹的遗言，温家宝说：“他的遗言和他的艺术一样，长存人们心中。”

立丹亭 英魂回归故里

1993年11月3日，《南通日报》发表消息《纪念人民艺术家赵丹——本市隆重举行“丹亭”落成典礼》：

昨天上午，纪念人民艺术家赵丹同志的“丹亭”落成典礼仪式在市实验中学隆重举行。这座纪念亭由市建筑设计院总工程师范子美设计。赵丹的塑像由市工艺美术研究所雕塑家成阳设计。

专程来南通参加“丹亭”落成典礼的有中国电影表演艺术学会会长、上海电影家协会副主席张瑞芳，全国政协委员、

丹 亭

著名电影表演艺术家秦怡，著名电影表演艺术家仲星火，著名电影导演钱千里，以及上海电影制片厂副厂长孟森辉，上海文史馆馆员、吴昌硕艺术研究会副会长、著名画家曹用平。赵丹的亲属、著名电影表演艺术家、作家黄宗英，全国政协委员、著名舞蹈艺术家赵青，作家周民也参加了落成典礼。

陈根兴、徐燕、黄冰、沈鹏千、徐相林、李炎、褚佩言、侯宪和、陆文照等领导同志，老同志刘光、朱剑、唐真寿、朱文涛、江行等和800多名各界人士、学生代表出席了落成典礼仪式。

副市长李炎主持了典礼。在浑厚的《英雄交响曲》乐曲声中，市委书记陈根兴和市长徐燕及赵丹生前好友张瑞芳、钱千里为赵丹铜像揭幕。赵丹亲属和市教委、文化局、广电局及市实验中学向铜像敬献花篮。黄宗英、赵青在落成典礼上讲了话。赵丹生前好友代表张瑞芳、上海电影制片厂副厂长孟森辉、“小小剧社”的代表诸华也讲了话。市政协主席黄冰代表市委、市人大常委会、市政府、市政协对“丹亭”的落成表示热烈的祝贺。他说，“丹亭”的建成不仅为缅怀赵丹同志提供了纪念场所，而且将成为了解赵丹、学习赵丹的课堂。我们将借此进一步宣传南通、扩大南通在海内外的影响，推动南通的经济建设和对外开放迈上新台阶。

南通市实验中学系赵丹的母校，原名“崇敬中学”。少年阿丹，就是在这里创建“小小剧社”，从此走上舞台，走出南通的。

赵丹病重期间，他曾说过：我爱聂子，我要把一部分骨灰葬在日本，安放在聂子的墓旁，另一部分葬在我获得第二次艺术生命的柳州，那是我的第二故乡。12年过去了，赵丹的骨灰没有能够东渡日本，一部分如他所愿，安放在了柳州，一部分被送回故乡南通。故乡的人民为赵丹在母校修建了一座四方形的“丹亭”。第二年，“丹亭”落成，这是一座汉墓阙式白色四角亭，亭内安放的铜铸的赵丹塑像，不屈的颈项执拗一边，基座上刻的是夏衍的题字：人民艺术家赵丹，基座的里面安放着赵丹的骨灰。

在“丹亭”落成典礼结束之时，黄宗英久久地伫立在赵丹的塑像前，她说，阿丹回到了他所熟悉的故乡入土为安，我难以表达此刻的心情。他是属于电影艺术的，他的发型总是在不断地变化，他只要扮演快乐的人物，就会成天逗家里人发笑，他扮演历史人物，家里就少了一张熟悉的笑脸，多了一个形神皆备的名人、伟人。阿丹就是这么热爱生活，热爱艺术的。典礼之后，在南通市政协召开的座谈会上，秦怡说，1958年，我们在虎门拍《林则徐》，生活很苦，交通不便，阿丹却每天给我们讲笑话，让大家在笑声中战胜困难。

赵丹塑像

即使在“文革”中，他也难改这个天性，造反派一天批斗他4次，回到牛棚里，他却对我们笑着说，今天演了4场。可是，无论他怎样苦中作乐，我们却笑不出来。钱千里回忆说，阿丹的第一个剧本是在南通写成的，那剧本的名字叫《骂鸡》，是阿丹根据报上的一则消息改编的，说的是两家邻居为一只鸡打官司，到头来被腐败的官府榨尽钱财的故事。张瑞芳在座谈会上说，当年和阿丹拍电影《聂耳》，影片中我演的郑雷电是穿着红衣红帽去跟聂耳告别的，很巧，我今天无意中穿着红风衣来到了“丹亭”。阿丹的塑像塑得太好了，抓住了阿丹生前常有的那种神态，我很喜欢这个设计。我真羡慕阿丹，有这么美的家乡，这么好的乡亲。

“丹亭”，是赵丹永久的纪念地。自建立以来，常有全国各地的艺术家或到南通拍戏的电影、电视剧演员来“丹亭”拜谒这位人民艺术家赵丹。

参考文献

赵丹·地狱之门.文汇出版社，2005.

赵丹·银幕形象创造.中国电影出版社，2005.

赵青·我与爹爹赵丹.中国电影出版社，2005.

姜金城·阿丹魂：与赵丹相处的日子.学林出版社，2003.

陈润琼·马季良（唐纳）文集.华东师范大学出版社，1993.

后　记

南通市江海文化研究会的常务副会长尤世玮先生是市文联的老领导，他要我为“江海文化丛书”写一本《赵丹》，我想，他也许考虑到我是南通话剧中人，20世纪70年代学习话剧表演，担任过南通市话剧团团长；1993年冬，我曾经作为南通话剧界的代表，在实验中学参加了“丹亭”落成典礼，在南通市政协召开的座谈会上，聆听了张瑞芳、秦怡、黄宗英、仲星火等老一辈电影表演艺术家深情回顾赵丹的话剧、电影艺术成就和不平凡的人生之路；2003年，我曾接受上海电影制片厂邀请，为纪念中国电影百年，写过一个电影文学剧本《少年阿丹》，对在南通时期的少年赵丹有过一些研究。虽然，电影因故搁浅，但我根据电影剧本改编的同名话剧，由南通艺术剧院搬上了舞台。随后，我创作的广播连续剧《少年阿丹》由中央人民广播电台播出，并获得了第六届江苏省“五个一工程奖”；2005年，赵丹诞辰90周年之际，南通市文联组织部分南通艺术家进行了“祭扫丹亭”的纪念活动，当时我已经调到市文联，尤主席安排我主持了这个祭奠仪式，同时又编写了《赵丹——南通的骄傲》纪念文集。这一次，要我写《赵丹》，他这样的考量，不无道理。

其实，我辈20世纪50年代生人，与赵丹同时代近三十年，在中小学时代就最爱看赵丹的《海魂》《李时珍》《聂耳》《林则徐》《烈火中永生》；“文革”后，解放了一批老电影，赵丹的《马路天使》《十字街头》陆续与观众见面，我辈也因此看到了赵丹的一些电影旧作。应该说，在众多的中国话剧与电影表演艺术家中，赵丹在我辈心目中的位置是特别突出的。因此，喜爱赵丹，敬仰赵丹，已经成为我辈的共同情感之一。后来，我又从事了话剧表演与创作，从生活感性和专业理性两个方面走进了赵丹的世界。

可是，真的要写一部《赵丹》的书稿，还是让我有些顾虑的。赵丹太有名了，赵丹太传奇了，可以说，赵丹，就是一部书，一部维系着中国电影史的书，一部人生的大书，我区区一个编剧，岂敢造次。何况，写赵丹的书也已经不少，不乏资料翔实、描写生动的佳作，40集电视连续剧《赵丹》也已经由央视播出了，可谓家喻户晓。特别是网上关于赵丹的文章浩如烟海，同样一个人，一件事，因为视角不同，差异多多，有的甚至南辕北辙，我再写《赵丹》，难以考证，难有新意。然而，尤主席告知，“江海文化丛书”不能没有赵丹，写作上，据史据实，叙述即可，无需描写与开掘。可是，我数十年来从事的是文艺创作，写此类书稿，岂能刹得住笔，留得住情。

我曾经写过一篇散文《丹亭随想》，感慨于赵丹的艺术，感慨于赵丹的不平，写得痛快淋漓，恣意任性，其中诸多情思，诸多诘问。这次写《赵丹》，我极力控制，叙述而已，但却难免情之所至，思之所为。当然，我努力遵循的是：事业为主，家事情事为辅；大事不虚，小事忽略不计。对其一生的艺术经历，对他的代表性作品，则从他的资料中稍作梳理，着重在学术上进行概括和提高。

感谢尤世玮先生和“江海文化丛书”编委们的信任，让我再一次走进了中国影剧表演艺术大师赵丹的世界。

诚然，赵丹人生，轶事繁多，难免疏漏。如有不妥，敬待批评。

高龙民

2013年8月完稿于南通